안녕, 대공원

안녕, 대공원

발행일   2017년 9월 29일

지은이   안 영 노
펴낸이   배정자, 강재구
펴낸곳   (주)드림워커
디자인   (주)북랩 한수희

출판등록   제2017-000068호
주소   경기도 부천시 경인로 60번길 40 부천시사회적경제센터
전화번호   070-4204-4404

ISBN   979-11-961726-2-6 03320 (종이책)

안녕,
대공원

안영노 지음

현실의 한계를 극복하는 아방가르드 리더십

🌸 도서출판 **드림워커**

　나는 20대 후반 사회에 나온 청년기부터 기성세대들이 안정적이라고 생각하는 길을 간 적이 한 번도 없다. 제도권의 길을 넘어나 자신도 모르게 다양한 실험을 했다. 지금 돌아보면 3, 4년에 새로운 우물을 하나씩 파나갔던 것 같다. 20대에 문화평론가로 활동을 하며, 대기업 광고대행사 대신 NGO 간사로 1993년에 사회에 첫발을 찍었는데, 퇴근 후에는 젊은 예술가들과 카페를 만들고 그 안에 퍼포먼스를 만들어 넣었다.

　1996년에 직접 록밴드를 하면서 신촌과 홍대 앞의 라이브클럽과 언더그라운드 밴드, 인디레이블을 묶어 홍대 앞 음악 네트워크를 그럴듯하게 만든 후에는, 문화행사와 축제 기획자로 살았다. 문화체육부와 서울시, 한겨레신문사를 비롯한 민간기관들이 계속 불러준 덕분에 실험적인 문화행사들을 많이 만들어봤다. 문화기획자라는 타이틀이 붙은 것은 2000년부터다. 30대 중반에 청년 문화기획자를 양성하는 교육기관을 만든 것뿐 아니라, 청소년들을 문화기획자로 기르고 실버세대 활동가를 기르는 일을 연속적으로 해왔다. 그 후에도 전통시장에 문화를 집어 넣는 문전성시

사업 등 누구보다도 하는 일마다 처음 하는 도전들이 많았다. 실험하다가 깨지고를 반복하는 것은 나에게는 그저 일상이었다.

2003년부터는 국내에 전례가 없었던 문화컨설팅 회사를 만들어 우직하게 10년간 동료들과 키워냈다. 그 회사로부터 문화마케팅 회사, 교육 회사 등 여러 작은 회사들이 나뉘어졌고 이들을 회사 공동체로 묶는 시도들을 이루어 갔다. 회사 간 동맹체를 만들어 느슨한 협력을 하는 것은 내게는 여전히 숙제로 남아 있는 문화경영의 실험이다. 나는 10년이 되는 그날, 멋지게 나오기로 했기 때문에, 2013년 47세의 나이에 다시 벤처 창업을 하는 도전을 준비했다.

남들에게는 무(無)에서 시작하는 불안일지 모르지만 내게는 겁나는 도전이 아니었다. 회사에 묶여있던 나로부터 탈출하는 두근거리는 자유가 있었다. 20대 청년정신으로 돌아가 컬처 비즈니스를 새로이 만들 작정이었기 때문에, 뜻을 가진 파트너들과 서서히 준비를 해나가고 있었다.

이렇게 파트너들과 할 사업을 모색하느라 골똘하던 시기에 지인의 전화를 받았다. 서울문화재단 김영호 본부장이었는데, 서울대공원장 공고가 나왔다고 이야기하며 추천을 하였으니 도전해보라는 것이었다. 추천받았을 때 자격이 있는지 모르겠다고 했다. 그랬

더니 '문화가 풍요로운 공원을 만들면 좋지 않겠냐'는 것이 대답이었다. 나에게는 하나의 도전이었다.

이후 서울대공원장이 되고 나서, 얼마간의 시간 동안 가지게 된 그 포지션은 내 삶에 있어서 하나의 이정표이자 상징성 있는 방향성이 되었다. 물론, 지금은 임기를 마치고 일반 시민으로서의 삶을 살고 있지만, '대공원'은 아직도 내가 마음으로 매일 들르는 상징성 있는 장소이다.

실제로 대공원에 매일 가는 건 아니지만, 대공원을 통해 동물들의 서식지에 관심을 가지고 또 다른 활동들을 통해 매시간 동물들과 연결되어 있다. 실은, '동행숲(동물이 행복한 숲)'이라는 퇴근 후 봉사 모임을 통해서 그런 나의 생각을 투영하고 있다. 비영리 임의 단체이긴 하지만, 국내에서는 동물의 서식지에 관심을 가지고 활동을 하는 가장 큰 커뮤니티이기도 하다.

이 책은 그간의 대공원과 이후의 활동들을 통해서 얻은 일종의 통찰이라고 할 수 있다. 물론, 이 책의 내 말에 동의하는 사람도 있을 것이고 그렇지 않은 사람도 있을 것이다. 하지만 분명한 것은 앞으로의 자신의 미래를 준비하는 사람들에게나 인생을 고민하는 모든 사람들에게 나의 메시지가 도움이 될 수 있다고 내가 믿는다는 사실이다.

기업가 정신이란 무엇일까? 후회하지 않는 인생의 그림을 그리기 위해 진정으로 필요한 것은 무엇일까? 내면의 본질을 꿰뚫는 지성 있는 삶의 질문들은 무엇일까? 이것들이 바로 내가 이 책을 통해 이야기하고 싶었던 부분들이다.

이 책이 리더십의 코드로 읽히기를 바란다. 그리고 이 책의 키워드는 '진정성'이라고 감히 말하고 싶다. 이 책을 관통하는 생각은 사실 '바른 리더십이란 무엇일까' 하는 것이다. 조직을 이끌 때 올바른 길이 무엇인지를 생각해 보고 싶었다.

대공원을 경영하면서, 그리고 이후의 모임들을 주재하면서 작게나마 내가 경험한 것들이 다른 리더십의 현장에서 긴한 자료로 쓰일 수 있다는 생각을 하고 있다. 여기 제시된 길은 사실상 이상적이고 비현실적으로 보이지만, 명예롭고 막상 해보면 가장 쉬운 길이다. 바른 길, 책임져야 하는 일에 대해 이야기하고 싶었다.

사실, 나는 지금도 그렇지만, 문화 기획자였다. 대공원에 문화적 요소를 담고 내면적 철학을 반영한 운영을 하기 위해서는 많은 노력을 기울여야 했다. 공공 기관이지만 민간의 특성이 있고, 행정적 부분과 환경적 부분을 다루는 특수성을 가진 공간은 어디에도 없다고 할 수 있었다.

이런 면에서 이곳 대공원은 나에게 리더로서의 역량을 시험할 수 있는 매우 좋은 공간이었다. 이 책에 모든 것들을 담기엔 지면의 부족함을 느끼지만, 이 책은 분명히 당신에게 모종의 메시지가 될 수 있으리라 나는 생각한다.

　　나는 이 책이 우리가 생각하는 '리더십'의 '본질'적 부분을 건드려 줄 수 있으리라 생각한다. 동시에 우리 자신의 존재 이유를 생각할 수 있도록 할 것이라는 생각도 한다. 우린 모두 각자가 '리더'이기 때문이다. 자기 삶의 리더, 가정의 리더, 커뮤니티의 리더…

　　올해가 또 저물어 간다. 아쉽게도 말이다.

2017년 9월

안영노

허공을 유영하라 - 독수리

정체성을 찾기 힘든가? - 오리너구리

고독하라. 그리고 즐기라 - 인간

독특함인가? 우스꽝스러움인가? - 펭귄

함께하는 것의 든든함 - 물소

차가움은 또 다른 삶의 열정 – 악어

고민하는 고등 포유동물 – 고래

EAGLE

허공을 유영하라
- 독수리

독수리는 당장 코앞을 보지 않는다. 아니 그렇게 하는 것은 불가능한 일이다. 활공을 하면서 수십 미터 앞서 있는 먹이나 적들을 감지해 내는 그의 시각에는 생존을 위한 몸짓을 넘어 독수리만이 가진 생의 위엄이 느껴진다

행복을 결정하는 것은
무엇일까?

금년 초, 세상과 이별한 한 연극인은 돈을 벌고 싶어 열심히 노력했는데도 행복하지가 않았다고 했다. 이상하게도 돈을 벌면 벌수록 더더욱 행복하지가 않았다는 것이다. 그는 도리어 이러다 정말 큰일 날 것 같다는 생각이 들었다고 했다.

사실, 행복해지기 위해서 금전적 미래를 준비하는 사람도 있지만 불가능하다는 걸 알면서도 자꾸만 꿈을 꾸고 목표에 도전하는 사람들이 있다. 이렇듯 '돈키호테'를 닮은 사람들을 나는 여럿 보았다. 안 되는 줄 알면서도 자꾸만 시도하는 것은… 이런 삶의 과정이 스스로에게 살아있다는 느낌을 주기 때문일 것이다.

살아있다는 느낌, 호흡 속에 느껴지는 그 소중하고 강렬한 느낌… 이것은 현재이다. 실패하지만, 시도하는 그들은 미래가 아니라, 바로 그 현재 '오늘' 때문에 꿈을 꾸고 시도한다. 아이러니하게도 '지금'을 위해 꿈을 꾸는 것이다.

한편으로 자신을 행복하게 하는 선택에 익숙하지 않은 사람들도 있다. 자신을 끝없이 옭아매는 현실의 반복이 오히려 편안해진 사람들이다. 주변 사람들로부터 적지 않은 조언을 듣곤 하지만, 자신의 삶에 대해 새로운 시도를 하는 것에 두려움과 걱정이 앞선다고 한다.

우리는 진정 행복하기 위해 이 세상에 온 것일까? 독일 인문학의 거장 '헤르만 헤세'는 인생에 주어진 의무가 다른 무엇도 아닌 '행복' 한 가지뿐이라고 말하기도 했다. 많은 사람들이 스스로의 삶에 대해 아쉬움을 느끼며 생을 마치곤 한다. 행복하지 않으면 그 삶은 가치가 없는 것일까? 삶은 존재 그 자체만으로도 가치 있고 아름다운 것은 아닐까?

나에게 있어서 '동행'은 '동물의 행복'이다. 동시에 '함께 공동의 일을 함으로써 얻게 되는 다수의 행복'을 의미하기도 한다. 우린 동행의 사명으로 나아가야 한다. 함께하는 행복, 살아있는 모든 생명체가 행복할 수 있는 환경, 그리고 그에 부합되는 삶의 가치관은 이곳 지구를 더 아름다운 곳으로 바꾸어놓을 것이다. 그리고 이것이 궁극적으로 우리가 만들어 가려는 '행복'이라는 생각을 해 본다.

　감정적으로 행복해지기 위해 지금 우리에게 필요한 것은 무엇일까? 우선적으로 스스로에게 너무 부정적일 필요는 없다고 나는 생각한다. 먼저 자기 자신을 사랑할 수 있어야 삶의 여유가 생긴다.

　과거에 대한 집착 역시 좋지 않다. 과거에 너무 몰입하다 보면 현실에 만족하지 못하고 미래에 대한 불안감만 쌓일 수가 있다. 이건 내가 경험해 봐서 잘 안다. 지금 최선을 다하고 진정성 어린 마음으로 인생을 보낸다면 나름 멋진 삶을 살 수 있다고 생각한다.

　무엇보다 남을 비난하거나 규정하려고 한다면 고루하고 힘든 생을 살게 될 수도 있다. 세상에 정해진 삶이 어디 있고 '표준'이라고 할 수 있는 게 어디 있겠는가? 나와 다른 생각을 누군가가 가지고 있다고 해서 쉽게 비난하거나 규정하는 것은 절대로 하지 말아야 할 일이다.

　인생은 인문학과 같다. 인문학에서는 희극도 있지만, 비극이 많다. 특히 유명한 인문학 작품일수록 비극이 훨씬 더 많은 비중을 차지한다. 무슨 말을 하려는 거냐고? 나 개인을 위한 완벽한 순간이란 존재하지 않는다는 얘기다. 그러니 감이 저절로 떨어지기만을 기다리면 안 된다. '완벽한 타이밍'은 자신이 만드는 것이다.

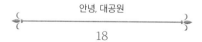

행복해지는 것에는 자격이 필요하지 않다. 순간순간 지나온 아픔들이 툭, 툭, 튀어나올 때도 우린 충분히 나 자신이 행복하다고 생각하는 일들을 만들어 갈 수 있다.

백만장자 록펠러는 다른 사람에 비해 더 많이 행복하다고 할 것 없는 삶을 살았다. 33세에 백만장자가 되었지만, 55세가 되었을 때 불치병으로 1년을 넘기지 못할 것이라는 시한부 인생을 선고받기도 했다.

그는 마지막 검진을 위해 병원에 가서 로비에 걸린 액자의 글을 보았다고 한다. "주는 자가 받는 자보다 복이 있다." 그 한 마디 문구로 그는 자신의 삶을 다시 생각했다고 한다. 행복할 수 있는 방법에 대해서 말이다.

나 역시 동물들이 더 행복한 조건에서 살아갈 수 있게 하려고 동물원을 공부했다. 그리고 그것은 나의 행복이 되었다. 동물의 서식지를 염려하는 모임인 '동행숲'의 간사 중 한 사람으로 일하는 지금 이 순간까지 말이다.

대공원에서 일하는 동안 동물 행복프로젝트는 장기적으로 볼 때 유력한 사람들의 후원회를 모집해야 한다고 봤고, 오희영 씨가 리더로 있는 '구하라 담비'와 이를 모색했다. 서식지의 보전 전망은

'동행'을 통해서만 해낼 수 있었다.

임기 동안 만나 대공원 문제를 함께 풀려고 했던 사람들에게 동물 행복의 비전을 전파하고, 함께 변화시키는 열망을 갖자고, 위대한 숲을 만들어 가자고 권유했다. 대공원의 파트너들을 만들어 낸 것은 내 인생의 큰 성과라고 할 수 있다.

리더십은 단순하지 않고, 경영 역시 단순한 경영이 아니다. 자신의 경영으로 사회적으로 만들어 낼 수 있는 큰 가치를 생각할 수 있어야 한다. 모두가 행복해지는, 사회 모두가 만족할 수 있는 세상은 그렇게 만들어지는 것이니 말이다.

대공원장으로서의 역할은 쉽지 않았다. 하지만 나는 이렇게 생각한다. 자신의 행복을 위해 마음껏 행복하고, 마음껏 놀고, 마음껏 힘들 수 있어야 한다고. 대공원은 그런 토대를 만들어 준 곳이었다.

어쩌면 나에게 일어나는 상황은 쉽게 바꿀 수 없을지도 모른다. 하지만 그 상황을 슬프거나 기쁘게 바꿀 수 있는 선택은 '내'가 한다.

찌들어 틀 속에 갇힌
영혼

생각이 틀에 갇혀 있을 때 지혜는 절대 나올 수 없다. 사실 행복하고 싶다면 특정 라인에 도달해야만 행복해질 수 있다는 식의 정형성을 버려야 한다. 행복해야 한다는 집착에 찌들어 모종의 틀을 마음속에 심어 놓았다면 과감히 그러한 것들을 걷어낼 수 있어야 한다.

리더라면 격식을 깨고 실용적으로 행동할 필요가 있다. 나 스스로도 권위적인 사람이 되지 않기 위해 자신의 주변을 살피려고 노력했다. 서울대공원장 시절 시민이 많이 돌아다니는 장소로 직원들과 함께 전기차를 타고 순시하는 일을 삼갔다. 길에 서서 민원을 직접 듣기도 했다. 현장을 혼자 돌아다니면 내가 기관장임을 몰라 봤다. 젊어 보이고 발로 직접 뛰어다녔기 때문에 더 그랬다. 대신 나는 실제 방문객들의 애환과 불만을 알 수 있었다.

너무 도덕 교과서적인 말인지 모르지만 좋은 콘셉트로 일을 출발해야만 뒤의 많은 일들이 바른 길로 간다. 이러지 않으면 흔히들 얘기하는 공무원 조직사회의 규범과 관행을 따르게 되기 쉽다.

밤에는 넥타이를 풀고 다녔다. 내가 공무원 맞나 싶을 정도로, 퇴근 후에도 나는 뛰어다녔다. 돈이 하나도 없는 비영리공익기관이나 시민단체를 운영하는 것처럼 뛰었다. 기관장 체면은 지워버린 채 넥타이를 풀고 격식 없이 사람들을 사귀었다. 틀 안에 찌들어 살지 않기 위한 나만의 방법이었다.

자유분방하게 카페와 클럽, 예술가들의 작업실과 함께할 기업의 문턱을 찾았다. 몸가짐을 겸허하게 하고 만나는 분들을 존중했다. 하지만 내 외모를 어찌 보는지, 내 신분을 어찌 생각하는지 눈치를 보지 않았다. 민간인일 때의 개성을 살리고, 기관장이었지만 민간인 출신으로서의 장점을 살리기 위해 노력했다.

무엇보다도 나는 평가에 연연하지 않았다. 실적보다 성과에 집중했다. 그것이 바로 경영이라고 생각했다. 실적 없는 바보가 되기로 했다. 그것이 바로 짜인 틀 안에 나를 가두지 않는 방법이라고 생각했다.

리더로서 원칙이나 형식이 중요한 것은 사실이다. 그래야 조직

을 움직이는 올바른 의미부여를 할 수 있고 통솔에도 문제가 없긴 하다. 하지만 발전을 원하는 리더라면 과감히 격식을 깨고 실용적으로 일할 필요도 있다. 언제나 그렇듯 중용은 힘들다. 정형성과 기존 관념의 틀을 깨는 것 사이에서 균형을 만드는 것은 힘든 일이 분명하다.

경험하는 것이
소유하는 것보다 위대하다

　오늘날의 많은 문제들은 사람들이 '소유'하고자 하는 욕구들에서 비롯되었다고 해도 과언이 아니다. 그리고 그런 일시적으로 행복한 느낌이 금방 사라지는 것을 사람들은 경험한다. 일상의 소소한 행복이 우리에게 필요한 시점이다.

　어떤 삶이 위대한 삶이냐에 대해 사실, 어떤 것도 정답이 될 수는 없을 것이다. 하지만 분명한 것은 사람은 '경험'을 통해서 자신의 행복을 만들어 간다는 사실이다. 우리는 그렇게 성장해 나간다. 누군가가 나를 많이 성장시켜줄 것으로 생각했지만, 막상 이런저런 경험을 하면서 성장은 '스스로' 하는 것임을 우린 이해하게 된다.

　삶의 현장에서 노력은 언제나 필요하다. 경험이 많든 적든 간에

말이다. 하지만 경험이 우리에게 장애가 되기도 한다. 종종 우린 '생각의 감옥'에 감금되기도 하는데 그 이유는 과거의 경험과 그로 인한 트라우마 때문인 경우가 많다.

사명감이 있다면 똑같은 일을 해도 다른 사람들보다 더 많은 경험을 할 수 있다. 그렇게 우린 성장한다. 많은 사람들이 실패의 고통을 경험한다. "다이아몬드는 고통을 겪으며 빛난다(Diamonds under Pressure)"는 말처럼 우린 그렇게 정갈해진다.

불행한 경험이나 좋지 않은 환경적인 요소를 스스로가 어떻게 '받아들였는지'는 행복한 삶을 살 수 있게 하는 매우 중요한 지표가 될 수 있다. 좌절을 경험한다 하더라도 우린 늘 새롭게 일어서려고 노력해야 한다. 좌절이 우릴 무가치하게 만들 수 없다.

대공원에 있는 동안, 나는 퇴근 이후의 시간을 '경험의 시간'으로 만들기 위해 노력했다. 내 위치에서는 안 해도 되지만, 해낸다면 대공원 경영이 반듯해질 일들은 다 했다. 이를테면 도시공원으로서 대공원 계획을 수립하는 것이었다. 이것은 푸른도시국이라고 부르는 다른 서울시 부서에서 한다. 그럼에도 대공원의 지속가능한 발전과 개발에 대한 계획을 적극적으로 짜고자 했다.

대공원장은 사업계획을 세우고 공원을 운영하는 일을 넘어, 도시계획상 수도권에서 이곳의 개발이 어느 방향으로 어떻게 가야 하는지 답을 갖고 있어야 한다고 생각해서다. 보통 3년이나 5년 운영계획을 세우곤 하는데, 나는 30년 후 대공원의 모습을 정하고 그 비전에 따라 거꾸로 작더라도 지금 할 일을 착수했다.

내 임기 내에 할 수 있는 일을 하는 기관장이 아니라, 이곳을 발전시키는 책임을 지는 리더가 되어야 한다고 생각했다. 임기 내에 쉽게 할 수 없는 일, 어찌 보면 부차적인 일인데도 공을 들인 또 다른 것이 있다. 과천과학관, 국립현대미술관, 과천경마장, 서울동물원을 묶어 문화관광 단지를 만드는 일이었다. 내 관할과 소관을 넘어 다른 공공기관들 사이의 협력이 필요했다.

쉬운 일이 아니지만, 이런 구상을 함께 나누는 것, 말하자면 과천과학관과 대공원 간의 협조, 현대미술관과 서울동물원의 공동사업 등 어떻게든 기관들 사이에 힘을 합치기 위해 노력했다. 그렇게 하기 위해 직접 다른 시설 실무책임자들을 불러 만나기도 했다. 그런 경험은 어떤 식으로든 일을 잘 풀어나가는 데 쓰일 수 있었다. 부임하자마자 과천시장을 비롯, 마사회장, 국립과학관장, 국립현대미술관장 등 과천 지역 유관기관의 총무과장과 인사하러 다녔다. 서울시 간부들보다는 이분들과 만나는 것이 서울대공원 경영에서는 우선이었다.

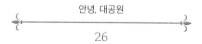

과천에는 군부대를 비롯하여 정부시설들이 많이 있었고, 전 과천시장과는 함께 이야기를 나누는 식사자리를 규칙적으로 열었다. 과천이 하나의 문화관광 단지가 되기 위해서는 앞으로도 협조해야 할 일이 많을 것이기 때문에 내게도 이 모임은 상당히 중요하게 여겨졌다.

서울시의회 인사는 필수였고, 시 국장과 간부들과의 인사로 협조를 구했다. 10여 년 전 고건, 이명박 시장 시절부터 알던 서울시 간부, 공무원 등을 간단히 만나거나 전화통화를 하여 협조망을 구축했다.

하지만 서울시의 고위직 간부를 따로 만나 식사를 하는 자리는 자제했다. 사실상 간부들은 격식 없이 전화로 협조를 구하면 그것으로 족하다. 간부들과 식사를 나누면 좋지만 시간이 부족하다고 느껴졌다.

자신의 경험 폭을 넓히기 위해서 때로는 '일을 벌이는' 게 좋다는 생각이 들 수도 있다. 만약 그것이 해야 할 일이라면, 있는 힘껏 일을 벌여야 한다. 너무나 바지런 떨며 움직인 탓일까? 내가 일을 너무 벌인 것 아니냐고 하는 사람들도 있었다. 하지만 이런 일들은 분명 언젠가는 해야 할 일이었다. 그리고 그것은 대공원의 활력과 발전을 만들어 낼 게 분명했다. 하지 않을 이유가 없었다.

할 힘이 있을 때, 그리고 해야 할 일들이 머릿속에 떠오를 때 바로 실행에 옮기는 것이 중요하다. 그렇지 않으면 생활의 느슨함 속에 아이디어도, 실행 의지도 사장되고 말 것이다.

내가 지금
살아가는 이유

독수리의 시선처럼 길게 보고 준비할 필요가 있다는 생각을 한다. 그러자면 리더로서 정책과 전략은 타인에게 맡기지 말아야 한다. 스스로 생각하고 섬세하게 그것들을 챙길 수 있어야 한다.

나 역시 대공원에 처음 일하게 되고 나서 현황을 파악하고 체계를 세워나가는 일에 나의 시간들을 사용했다. 이전의 직업으로 보면 나는 컨설턴트이기도 했다. 기본적으로 환경을 분석하고, 사례를 분석하고 수요를 파악하고, 확보한 자원을 파악하는 일에 비교적 익숙했다.

리더로서 '긴 안목'을 갖는 것은 매우 중요한 것이다. 그런 긴 안목이 없다면 리더는 쉽게 지치거나 조바심을 부리게 될 수 있다. 리더가 불안해하면 조직도 불안해진다. 리더는 곧 조직의 심장이기 때문이다.

물론 조직의 모든 부분들이 중요하다. 하지만 조직에 생명력을 부여하는 심장이야말로 더없이 중요한 부분이다. 그러니 가끔은 큰 숨을 쉬고 '긴 안목'에 대해 현재의 나 자신의 태도를 검토해 보는 것은 분명 유익하다.

솔직히 말해 나는 임기 이후의 일에도 신경을 썼다. 너무 긴 호흡이었던 걸까? 하지만, 이것은 분명 미래를 위해 필요한 것이라는 생각을 했다.

대공원을 맡은 후 퇴근 후까지 발악하듯 일하는 나를 돌아보며 든 생각이 있었다. 내가 왜 이리 열심히 하는가. 진정으로 대공원을 살리고 싶은 것인가. 그렇다. 하지만 내가 퇴임하고 나면 지금 함께하는 민간협력의 파트너들이 신임원장과 일을 같이 할 가능성이 적다. 그런데 왜 이리 열심히 하는 것인가.

분명한 것은, 직무를 마치고도 애정을 가질 만한 일임을 사람들에게 보일 필요가 있다는 생각을 가졌다는 것이다. 공무원을 마치고도 애정을 가질 일. 그게 내가 내린 답이었다. 기관장으로서가 아니라, 정말 내가 맡은 이 일이 임기 후에도 열정을 가질 일이 되도록 노력하자는 것이 나의 생각이었다.

독수리처럼 허공을 유영하는 시각을 가진다는 것이 결코 쉬운 일은 아님을 나는 알고 있다. 적어도 나는 그 시절 그런 생각을 하고 있었다.

함께하는 일들과 관련해서 사람들 사이의 유대가 매우 중요했다. 짧은 임기응변식의 대인관계가 아니라, 진심의 유대가 만들어질 때까지 천천히 길게 보고 자원과 기회를 찾는 것이 중요하다는 생각을 한다. 사실, 내가 대공원에서 일하는 동안 벌인 일들은 현실과 2년 임기를 생각하면 결코 벌이지 않을 일들이 많았다.

내가 그렇게 할 수 있었던 이유는, 내가 하는 일들이 사업이 아니라 '활동'이라고 생각했기 때문이다. 나의 활동은 전체 과정 중 준비 과정에 불과할 수도 있다. 삶을 유영하는 자세는 지금 막 닥친 일들에 일희일비(一喜一悲)하지 않는 것을 의미한다. 긴 호흡으로 삶을 유영하다 보면 삶의 만족스러운 순간을 만나게 될 것이라 믿는다.

훌륭한 인생이란 무엇일까? 살아가는 동안 무언가 도움을 주는 일에 참여하고 있는 존재일 때 가능하다고 생각한다. 어쩌면 지금의 '동행숲'과 관련된 활동도 그렇게 시작되었는지 모른다. 동물에게 도움이 되는 사람, 그리고 동료 인간에게 보탬이 되는 사람이 되기 위해서 참여하는 것이란 말이다.

사실, 대학교 1학년 2학기 때부터 '사람'이 인생의 모토가 되었다. '사람이 책'이라는 생각을 했다. 그것이 미래의 나의 모습을 많이 좌우했다. 나로서는 살롱의 공간에서 자유롭게 대화하고 놀고, 그 공간을 바탕으로 연대, 창조적인 프로젝트를 공동으로 하는 것이 너무 즐거웠고, 그런 활동을 청년기부터 쭉 해왔다.

'영노다움'의 시작은 신촌에 있는 카페로 가는 것이 필수였다. 누군가를 만나기 위해서 그렇게 하는 것이다. 나는 청년 시절 그렇게 놀았다. 나도 모르게 놀다가 보니 도낏자루 썩는 것을 모르고 있었다.

내 인생은 끊임없이 정형화를 공부하고 이후 탈정형화를 한다. 그렇다고 '탈(脫)정형화주의자'는 아니다. 비정형화된 것이 정형이 될 때까지 움직인다. 내 인생 끊임없이 비주류를 주류로 만들고 성장하는 과정을 지켜보았던 것 같다. 그리고 나는 또 다른 비주류가 되어 새로운 변방에서 새롭게 일을 시작했다. '아방가르드'가 되는 것이다.

끊임없이 흐르는 것이 내 삶의 특징이라는 생각이 든다. 정형성 안에 귀속되는 이유도 흐르기 위한 것이다. 탈정형화를 그 와중에 시도하는 것도 멈추지 않기 위해서이다.

인간에는 선악이 없고, 운명과의 투쟁이 있을 따름이라고 생각한다. 우리 인생에는 우수함도 저열함도 따로 없다. 다만 성공과 실패가 숙명처럼 우리 삶을 가로지른다. 개개인의 인생을 한 척의 배로 생각한다면, 많은 사람들이 항로를 잃어버린다. 부나 명예, 권력이 삶의 방향성이라고 할 수는 없다. 그것은 생존을 위한 몸부림과 같은 것일 것이다.

많은 사람들이 이 부면과 관련해서 좌절을 경험한다. 삶의 방향성과 관련해서 당황하는 사람들이 꽤 많은 편이다. 우리의 삶은 다분히 자연스러워야 한다. 그래야 위대해질 수 있다. 처한 상황에 대해 몸부림치고 벗어나려 하면 할수록 더 비참해지고 우울해질 뿐이다. 인생의 걸음 앞에 어떤 장애물이 있든지 간에, 자연스럽게 자유 안에서 감각적으로 수많은 경험을 하다 보면 우린 무한한 가능성을 열어젖힐 수 있게 된다.

자기를 틀에 맞추려 하지 말고 자기에게 맞는 것을 찾아내는 것이 중요하다. 이것이 바로 인생의 목적이라는 생각을 해 본다.

공부하면서 나는 대공원을 피부로 알게 되었고, 그리고 알았기에 사랑하게 되었다. 모든 일이 그렇다. 이 글을 읽고 있는 당신이 나에 대해 알게 된다면 나 역시 당신의 사랑을 받을 수도 있지 않을까?

권위에 대한
무조건적 복종이 가지는 위험성

    종종 권위적인 리더들을 본다. 하지만 특별한 '권위'라는 건 누군가에 의해 임명되듯 '위임'되는 게 아님을 나는 안다. 리더의 권위는 '신뢰'에서 나오는 것이다. 리더라면 자신이 내뱉은 말에 책임을 질 수 있어야 한다. 직원들이 나를 믿고 따라오는 것은 리더로서 자신이 말한 것을 항상 지키려고 노력했기 때문이다.

    이런 의미에서 아무 권위에나 무조건적인 복종을 하는 것은 위험스럽다. 차량 이동을 자제하고 내 발로 직접 시설과 고객이 오는 현장 곳곳을 돌아다녔다. 내 현장순시로 직원들이 도열하는 바보스러운 짓을 피하기 위해 유니폼을 벗고 현장에 나갔다. 그렇게 하는 것은 직원들이 일과 중 일을 갑자기 중단하는 일 없이 제대로 돌아가게 했다. 대공원 일을 해주는 하청자와 용역업체 직원들을 깍듯이 대하고, 서울대공원 행사를 위탁한 '을'이 아니라 축제 연출 감독을 전문가로 모셔 진지한 자문을 구했다. 뿐만 아니라, 기관장의 격을 염두에 두지 않고 인근기관의 장이 아닌 담당자와 실무적인 의견을 나누기 위해 노력했다. 이 모든 것들이 시민들을 위한 대공원 서비스를 더 잘하기 위해서였다.

관습처럼 되어버린 권위를 넘어서 효율을 찾으려면 먼저 '기본'이 세워져야 한다. 대공원은 서비스 시설이었다. 그것도 시민을 위한 서비스 시설인 것이다. 나는 공공 서비스 시설에 대한 나만의 정의가 있었다. 고객감동을 창출하기 이전에, 공무원에 대한 대내외적 신뢰를 형성하는 것이었다. 그것이 내가 생각하는 기본이었다.

공무원들의 서비스 개선 없이는 대공원이 고객의 외면을 받거나 민원에 시달리면서 몰락해갈 것이 분명해 보였다.

리더로서 기본에 충실한 마음을 갖는 것은 초심을 돌아보게 한다. 처음 사업을 하거나 일을 시작했던 때를 돌이켜 보면, 그때만큼 '순수한 영혼'이 반짝이는 때도 없다. 기본과 원칙에 고착한 마음을 다시 되새길 수 있다면 그것이야말로 자신의 조직에 새로운 기운을 불어넣는 계기가 될 것이다.

나는 창조적인 것은 무에서 유를 만드는 것이라고 생각하지 않는다. 어차피 인간은 없는 것에서 있는 것을 만들지 못한다. 우린

신이 아니니까 말이다. 진정한 창조는 있는 것들을 효율적으로 관리하고 이용하면서 나올 수 있다고 나는 믿는다. 대공원의 자원들을 효율적으로 관리하고 쓰임새를 연구하면서 '창조'라는 것이 생겨났듯 말이다.

프레임을 극복하면
내가 보인다

　창조적 생각을 하기 위해 '필요'에서 '결핍'으로의 사고 전환은 해야 한다. 그래야 프레임 자체를 바꾸어보는 사고의 혁명을 가져온다. 기업의 설계에서부터 혁신을 시작할 수 있게 한다.

　혁신이란 기술의 혁신이나 상품의 혁신이 아니라 기업의 존재 이유를 다르게 갖고 이에 따라 경영하는 방법을 바꾸는 것을 말한다. 자본형 경제 안에서 시장의 창조적 파괴자인 동시에 사회적 경제를 통해 사회의 혁신가가 될 수 있도록 한다.

　나는 대공원에 와서, 그곳이 서울동물원이 아닌 도시공원임을 발견했다. 그리고 면적의 1/3에 해당하는 동물원이 아니라, 면적의 2/3에 가까운 녹지와 숲을 보았다. 동물원은 동물을 가두어두면서 유지비용이 너무 많이 들지만, 도시숲은 더 적은 관리비용으로 시민들의 건강까지 보살펴주고, 심지어 유실수의 경우 나무의 열매를 제공할 수도 있다. 청년 일자리 같은 사회적인 결핍들과 연결하면, 그동안 대공원 경영과 다른 혁신이 가능하다. 대공원 땅은 많은 사람들이 공익적인 일을 하면서 고용이 창출되는 공유 재산, 그리고 창의적인 사람들이 와서 사회적 기업을 벌이는 창조 공장이 될 수도 있다.

이곳은 에버랜드 같은 놀이동산이 아니라, 사람들이 일감을 찾고 생태계 보전활동을 하는 도시숲이 되어야 한다는 경영의 관점이 서자, 시민들의 여가가 부족한 시대에 지은 커다란 위탁공원을 뜻하는 '대공원'은 시민들이 함께 일궈가며 30년 동안 나무를 10만그루 심는 '위대한 숲'으로 전망을 바꿀 수 있게 되었다.

이 놀라운 결론에 도달하는 과정에서 나는 많은 전문가들의 고마운 조언을 얻었다. 동료들과 함께 만들면 더 좋은 작품을 만들수 있다는 평소의 경험이 확인된 것이다. 돈이 없어 위대한 숲을 만들 재간이 없다면, 홍대 앞에서 그랬던 것처럼 시민들의 네트워크를 짜서 동행숲을 만들면 된다는 생각 역시 함께 해준 고마운 친구들이 자문회의와 대화모임에서 내려준 판단들이다. 결국 위대한 숲을 만들어 동물들도 숲 속에서 건강하게 살도록 하고 혁신동물원까지 만드는 방법은 30년 동안 꾸준히 나무를 심을 수 있는 시민들의 커뮤니티, 즉 대공원을 사랑하는 사람들의 모임을

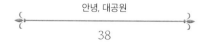

만드는 것이었다. 내가 2년 동안 사람들을 꾸준히 만나는 것이 혁신의 첫발인 이유이다.

나는 20대 후반 사회에 나온 청년기부터 기성세대들이 안정적이라고 생각하는 길을 간 적이 한 번도 없었다. 제도권의 길을 너머 나 자신도 모르게 다양한 실험을 했다. 20대에 문화평론가로 활동하고 직장을 마치고 카페를 만들어 젊은 예술가들과 실제로 공동창작을 거리낌없이 해냈다.

평론만 하는 것이 답답해서 직접 록밴드를 만들었다. 신촌과 홍대 앞에 운집한 라이브클럽들과 언더그라운드 밴드들, 인디레이블이 서로 모여 힘을 내면 효과가 좋을 것 같아 게릴라처럼 홍대 앞 네트워크를 만들었다. 그러다 보니 문화운동가도 사업가도 아닌 애매한 정체로 놀고 있는 나를 발견했다.

문화행사와 축제, 공연을 만든 경험으로 문화기획자가 되었다. 문화체육부, 서울시에서 시민들이 직접 참여하는, 될것 같지 않은 행사들을 동료들과 만들어 냈다. 30대에는 한겨레신문사와 손잡고 문화기획자를 양성하는 교육과정을 열기도 했다.

그 뒤의 삶 역시, 청소년들을 문화기획자로 기르고 실버세대 문화활동가를 기르는 일을 했다. 전통시장에 문화를 집어넣거나 도시공원에서 시민들이 문화활동을 벌이도록 하는 등 누구보다도 처음 하는 도전들이 많았고, 시행착오도 많았다.

그후 10년 동안 문화컨설팅 회사를 만들어 운영했다. 한 회사를 키우기보다는 마케팅회사를 비롯해 7개의 동료 회사들을 늘여나가는 쪽을 택했다. 남들은 바보 같은 시도라고 생각했지만, 뜻을 함께한 우리들은 회사 공동체가 힘을 합치고 연대하면 큰 문화기업 못지 않은 효과를 낼 것이라고 보았다.

그렇게 일한 지 10년째 되는 시점, 회사를 멋지게 나와 40대 후반의 나이로 다시 20대 청년정신으로 돌아가기로 했다. 뜻이 맞는 파트너들과 컬처비즈니스를 만들어내는, 벤처 창업가로 재도전을 준비하던 중 나는 별안간 대공원에서 일하게 되었다.

남들에게는 무에서 시작하는 불안일지 모르지만 내게는 겁나는 도전이 아니었다. 회사에 묶여있던 '나'로부터 탈출하는 두근거리는 '자유'가 있었다. 그리고 내가 의도하지 않았던 창조가 연달아 일어났다.

오늘날의 젊은이들에게는 "공부하자. 기업가 정신을 갖고 또 모험을 하자."는 말을 해 주고 싶다. 나는 힘든 일에 도전해보려는 동기가 강했다. 기업으로서가 아니라 내 인생을 놓고 벤처가 되고

싶었다. 그랬기에 대공원에서 단순히 마케팅을 잘하는 게 아니라 거기 오는 이용자를 잘 알고, 시민이 즐기기 원하는 문화를 만들어 시민들의 그런 심리를 꿰뚫어보길 원했다. 그런 방법으로 공원 운영을 개성 있게 해야 한다고 판단했다.

내가 가는 길 앞에 놓인 도전이 나를 어디로 이끌 것인지는 나로서도 알 길이 없었다. 하지만 나는 그 도전을 받아들여 보기로 했다. 인생의 새로운 계기는 또 다른 '나'를 만드는 전환점이 될 수도 있으니 말이다.

모험과 도전의 갈림길에서 그것을 받아들이고 부딪쳐 보는 것도 의미 있는 나의 인생을 위해 내가 할 수 있는 일이라는 생각을 했다. '그래 해보자. 해보는 거야'

상처로 인해 면역력을 가질 것인가?
덧날 것인가?

자신의 내면에 상처 한두 가지 없는 사람은 없을 것이다. 어떤 경우, 상처는 하나의 트라우마가 되기도 한다. 오래도록 자신을 괴롭히는 원인이 되는 것이다.

누군가는 상처가 좋은 역할을 할 수도 있다고 한다. 물론 상처로 인해 만들어진 인생 자체가 '당장' 어떤 '의미'가 될 수는 없다. 대신, '상처'는 새롭게 일어나도록 성공적이고 의미 있는 출발점을 만들어내는 계기가 될 수 있다.

내게도 상처를 만들고 지워지지 않는 생채기를 만든 일들이 인생 전반에 걸쳐 몇 번 있었다. 한때 부러지고 상처 입었던 곳은 더욱 단단해졌다. 이후, 면역력이 길러지듯 마음은 더욱 성숙해졌다.

현실을 회피하고 싶지는 않았다. 어느 누구도 나를 향해 비겁하다고 말할 수 없었다. 홍대 문화를 만들어 가던 시절, 같이 음악을 했던 한 친구는 어느 잡지에 내가 나 자신의 권력을 위해 홍대 앞을 떠났다는 말을 했다. 그 일로 인해 나는 상처를 입었다. 한 번도 나와 술 한 잔 기울인 적 없던 친구였다.

나는 스스로를 피터팬이라 여겼는데, 피터팬은 언젠가 그 세계를 떠나야 할 존재일 수도 있다는 생각을 한다. 사람이 되고 싶어 모험을 하는 피노키오처럼 말이다.

현실의 상황들에 대해 이별을 하고 자신이 어른이 되어야 하는 순간을 부정하고 싶지 않았다. 떠날 때 멋있게 성장하여 떠날 수 있어야 했다. 그리고 떠나기 전까지 최선을 다하고 싶었다. 실제 홍대 앞에서 음악인들을 묶고 인디음악을 알리려고 나는 최선을 다했다. 나를 폄하한 그 친구들이 몰라줬을 뿐이다. 나는 사리사욕 채우지 않고 진정성 있게 열심히 살았다.

말하기 좋아했던 일부 음악 하는 친구들은 '안영노가 문화권력 다 가져간다.'고 말했다 한다. 하지만 그렇게 말하던 인디밴드들 중에서 홍대 앞 네트워크 전체를 살리려고 하고 있는 이는 그때나 지금이나 소수이다.

문화평론가, 문화기획자이면서 동시에 허벅지밴드를 꾸려간다고 했을 때 문화운동에 밴드를 이용한다거나 자신의 밴드를 띄우기 위해서 마케팅을 하고 있다고 오해한 이들도 있었다. 의도치 않았던 오해들이 커질 무렵, 나는 동료들과의 협동과 신뢰에 있어 한계를 느꼈다. 그러자 애써 만들어나간 언더그라운드 음악 씬이 나에게는 무의미하게 느껴졌다. 그래서 홍대 앞 음악문화의 초기 4년 동안 사업들을 벌여나갔지만 집착하지 않고 떠났다.

나는 당시 스스로의 삶을, 너무 앞서간 '저주받은 아방가르드 인생'이라고 생각했다.

최초 기획자로서 물론 상황들에 실망해서 그런 것은 아니었다. 그들이 말하는 것이 오해라 하더라도 문화기획자로서의 떳떳함을 지키고 싶었다. 이후 이어지는 문화 기획자의 삶을 살면서도 청년 벤처를 기르고 싶었고, 인디와 언더그라운드에 있는 예술가들을 도와주고 싶었다. 기획자로서의 나의 삶은 그렇게 계속 이어졌다.

나에게 상처가 되었던 또 하나의 사건은 다름 아닌 대공원 호랑이 사고 때였다. 정신적 충격을 많이 받아 상처를 입을 수밖에 없었다. 하지만 얼마 지나지 않아 내 기준으로 돌아갈 수 있었다. 정신을 차리고 옳은 일을 하자는 생각을 했다.

한 방송에서는 내 단어 선택을 확대하여 내가 사육사 개인의 책임으로 전가한다고 몰아세웠다. 피하지 않고 책임져야 하는 사람은 나였다. 만일 사육사 개인의 실수가 발단이 되었다 해도, 이 문제가 조직체계상의 구조적인 문제에 있음을 숙고하고, 서울시의 부족한 인력, 재래식 사육사 훈련방식 등 여러 가지를 해결할 수 있도록 시에 보고하는 것이 내 일이었다.

마침내 보상 문제까지 해결할 때는 그야말로 관리부장, 총무과에 있는 직원들, 동물원장, 사육사 가족을 챙기는 직원 등이 갖은 수모를 겪었다.

처음 병원을 방문한 날 직원의 가족들은 굉장히 화가 나 있는 상태였고, 담당과장이 수모를 당했다. 수행한 직원들은 원장인 나를 보호하려 했고, 나도 겁이 났다. 하지만 계속 앞장서서 해내야할 일이었다.

그 과정에서 과장이 폭행당하려 해서 내가 나섰다. 그 앞에 나서 내가 원장이라 했지만, 그 말에 아무 반응도 없었다. 나중에 사육사 가족들은 앞에 나와 멱살 잡는 것을 막는 내가 부하직원인 줄 알았다고 말했다.

호랑이 사고 후, 책임진다는 마음으로, 조직 전체가 반성하고 묵묵히 개선의 행동을 해나갔다. 언론은 계속 악성 기사를 퍼뜨렸지만 나는 시에서도 직원과 사육사 가족 앞에서도 마음을 다했고, 의연하려고 애썼다.

이런 태도는 우리 직원들이 보고 있으며, 조금이라도 직원들의 사기를 유지할 수 있다고 생각했다. 돌이켜보면 사고 수습 당시 구성된 서울대공원 혁신위원회에서 담담하게 우리가 나아갈 길을 발언하는 나를 보고, 흔들리지 않고 의연하다고 말해 준 직원들이 참 고맙다.

임기를 마친 이후, 예전을 돌이켜 보면서 나는 상처를 극복하긴 했어도 상처에서 해방된 것은 아닐 수 있다는 생각을 했었다. 내가 사랑했던, 그리고 지금도 사랑하고 있는 여동생 대신, 나는 세상의 많은 후배들에게 뭔가를 갚아 줘야 한다는 생각을 했다. 그리고 그것은 나의 집착이 되었다.

그랬다. 상처는 나의 삶을 만들어 주었고, 나를 성장하도록 했다. 얼마의 시간이 흐른 뒤… 상처는 나의 존재 이유, 소명감, 가치를 구성하는 씨앗이 되었다. 그에 더해 상처를 이겨낸 자존감은 나를 더 행복한 존재가 되게 했다. 맞다! 상처는 그 모든 것들의 본질을 드러낸다.

상처를 좌절로 다운시키느냐, 성장의 발판으로 만들 것이냐는 전적으로 그 사람의 선택이다. 상처를 인정하고 자신의 것으로 받아들이며, '나'를 사랑하기 시작하면 그것은 성장으로 올라가는 과정을 만들어낸다.

PLATYPUS

정체성을 찾기 힘든가?

- 오리너구리

조류처럼 물갈퀴와 부리가 있고 부분적으로 양서류의 생태를 닮아 있으며 포유동물처럼
젖을 먹이고 파충류처럼 알을 낳아 물에서 생활하는 오리 너구리.

우린 때로 우리 자신의 정체성을 가늠하기 쉽지 않은 때를 만난다. 우스꽝스럽거나 소외되
어 있는 자기 자신에 대해 슬퍼하는가?

애매함이 가지는
삶의 매력

자신의 정체성이 확립되지 않아 고민하는 사람들이 있다. 이런 갈등의 과정은 사실, 나도 경험했었고 앞으로도 충분히 그럴 수 있는 여지가 있다. 사람은 이토록 삶을 뒤돌아보며 자신의 정체성에 대해 안타까워하며 힘들어해야 하는 것일까?

하지만 나는 그런 많은 생각들로 스스로를 괴롭게 하는 젊은 세대들에게 오히려 나아갈 다양한 방향성이 존재한다는 점을 이야기하고 싶다. 정체되어 있지 않고 다양한 가능성을 꾀할 수 있는 그들은 당연히 세상에서 가장 행복한 사람들이다.

그리고 젊은이들이 그 모든 가능성 사이에서 고민하는 것은 모든 필요를 염두에 두는 진지한 노력이라고 할 수 있다.

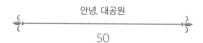

안녕, 대공원

보통사람들보다 색다른 경험을 하고 비교적 남다른 일에 도전을 해온 민간인 신분으로 갑작스레 대공원장에 부임했던 나로서도 정말 많은 것들을 떠올리려고 노력했고, 그것들을 실행에 옮길 수 있었다. 그렇게 생각할 수 있는 모든 필요를 염두에 두었다. 물론, 나 개인의 생각은 부족함이 많을 수 있었다. 하지만 여러 사람들의 다각적인 의견 제시를 수렴하고 그것을 다시 정리하면 멋진 작품이 만들어질 수 있다는 믿음이 있었다.

　　사실 내가 겪은 창의적인 세계와 실패를 무릅쓰고 해온 청년기의 다양한 경험보다 더 믿었던 것은, 동료들의 의견에 귀 기울이고 문제를 함께 풀어갈 때 일이 잘된다는 사실이었다. 내 고집만으로 사업을 이끌어가기보다는, 집단적으로 일을 해나가도록 조율하는 리더가 되어 다소 애매한 색깔을 갖는다고 해서 나쁠 것이 없다는 점은 많은 경험을 통해 내가 얻은 진리다.

　　특정한 위치에서 자기 색깔을 드러내지 않더라도 리더에게 주어진 특권은 그 모든 일의 결과를 눈으로 볼 수 있다는 것이다. 비록, 나는 지금 대공원을 나왔지만, 대공원과 관련해 이뤄질 많은 꿈을 꾸고 있다. 지금 이 순간에도 말이다.

'접근'
프레임을 바꾸라

리더라면 구성원들에게 다가가기 위한 특별한 노력을 기울일 필요가 있다. 나 역시 대공원에서 직원들에게 다가가기 위해 원장실을 열었다. 직원들 이름 알고 특성을 파악하기 위해 노력했다. 사진이 붙은 조직도나 한두 간부에 관심을 기울지 않고 고루 이야기를 들었다. 말 그대로 원장실을 열었고 늘 의견을 물었다. 특히 부임한 초창기가 나에게는 중요하다고 생각되었다.

직원들은 사뭇 달라진 탈권위화된 원장의 모습에 편안하게 다가오기도 했다. 내가 처음 느낀 조직의 인상은 지나칠 정도로 원장을 어려워한다는 것이었다. 노력을 기울인 이후, 내가 지내는 공간은 손님이 많고 전문가 자문이 많은 원장실이 되었다. 전문가와 민간협력자들이 드나들면서 문지방이 닳았다. 심지어 외부 업자들도 마다치 않았다. 누구나 사업을 위해, 봉사를 위해, 협력을 위해, 조언을 위해 자주 찾아오는 원장실이 되도록 애썼다.

조직의 리더가 된다는 것은 한편으로는 큰 자기희생을 요구하는 과정이기도 하다. 하지만, 기왕에 리더가 되기로 했다면 조직 내에 '조직 문화'를 만들기 위해 많은 노력을 기울일 필요가 있다. 좋은 문화가 있는 조직은 쉽게 깨지지 않는다. 그리고 그런 조직은 일하는 모두에게 나름의 보람과 긍지를 가지게 한다.

계약직들이 간담회에서 울던 모습은 아직도 가슴이 아프다. 계속 승진이 없는 은퇴 직전의 고참, 잘못된 직렬제도로 존중받아야 할 이들이 대접을 받지 못하고 있다는 걸 알게 되었다. 젊은 계약직들이 어떤 비전과 희망을 품고 다닐까. 그것은 쉽지 않은 일이었다.

대공원을 그만두기 2주일 전 계약직 중 20~30대 젊은 층을 불러 원장이 아니라 멘토로서 지치지 않고 다니기 위해서는 퇴근 시간에도 공부해서 실력을 쌓으라고 말했다. 마음이 가는 친구들에게 원장이 아니라 멘토로서 이야기해주고 싶었다.

솔직히 말해 나에게는 소신대로 소통하고 실천하는 것이 하나의 '과업'처럼 중요하게 생각되었다. 직원과 대화하고, 교감하는 법을 당연히 고민했다. 세상에는 많은 리더십이 존재한다. 내가 택한 리더십은 직원들 의견을 듣고 질문을 던져 공동의 비전이 가능한지 직원들 사이에서 먼저 탐색하는 것이었다. 이것이 되어야만 외부 전문가들을 통한 비전 만들기, 시민들의 의견을 통한 비전 만들기 등의 작업을 할 기준이 선다.

한편으로 일할 때는 직원들을 따뜻하게 대하기 위해 노력했다. 하지만 나는 인기를 잃을 정도로 간부회식과 저녁 단합대회를 자제했다. 특히 직원들과의 술자리를 줄이고 오래 앉아 있지 않았다. 저녁에도 다른 약속을 잡아 대공원이 도움받을 일을 해야 했다. 직원들의 관리자 평가에 연연하지 않았다. 두렵지 않았다. 딱 임기가 끝나는 바로 그날까지 임무를 확실하게 해내고 나갈 마음가짐으로 들어왔기 때문이다.

조금 차가운 말이기는 하지만, 리더는 '일 시키는 존재'라고 할 수 있다. 그리고 이곳은 직장인 것이다. 딱딱하고 차가운 사람이 되어야 한다고 이야기하는 것은 절대 아니다. 다만, 직원들이 바라보는 인기에 연연하여 일들을 조정한다면 제대로 된 리더라고 할 수 없다는 것이다. 일에 있어 충실한 지도자가 될 필요가 있다.

기존의 관념, 기존의 프레임으로는 맨날 하던 대로의 조직을 꾸릴 뿐이라고 생각한다. 돌발적인 위기의 상황에서 조직을 와해시키지 않고 계속 단합을 유지할 수 있도록 하려면 접근 프레임이

달라야 한다고 생각한다.

근본적으로 리더가 바뀌면 조직이 바뀐다. 리더의 정신은 곧 조직의 정신이다. 이런 사실을 늘 기억하고 책임감 있는 프레임을 만들어 나갈 때 그 조직은 소기의 목적을 달성하는 성공적인 조직이 될 수 있다.

한계를 깨닫는
절대 겸손

사람에게 무엇보다 중요한 것은 겸손이다. 자신의 한계를 깨달을 줄 알아야 한다. 그런 차원에서 한 조직의 좋은 기관장이 되려면 상시로 전문가를 만나야 한다. 그리고 자문을 즐겨야 한다. 자문은 전문가의 목소리일 뿐 아니라 시민의 다양한 요구를 대변하는 것이라 할 수 있다.

어떤 사람들은 내가 '너무나 젊어서 기관장 같지가 않다.'라는 말을 했다. '동안스럽다'는 식의 내 외모가 아니라 내 행동 때문에 나온 말이었다고 생각한다. 내가 취해야 할 자세는 겸손과 존중이었다. 만나는 모든 사람에 대해서 말이다. 그러면 자연스럽게 그 사람의 말을 경청하게 된다.

어떠한 리더도 '권위적'인 사람이 되어서는 안 될 것이다. 하지만

단순히 권위적인 사람이 되고 싶지 않아 '겸손의 길'을 걷는다는 것은 어딘가 좀 부족하다.

자신의 위치에서 더 유능하고 쓰임새 있는 사람이 되기 위해 '고개'를 숙일 필요가 있다. 우린 누구보다 우월하거나 열등하지 않다. 그러니 열등의식에 사로잡힐 이유도, 자신을 우월하다고 뽐낼 이유도 없는 것이다. 사회 속에서 우린 서로 다른 역할과 포지션이 있다. 자신의 자리에 어울리는 '나다운' 사람이 되기 위해 우린 겸손할 필요가 있다. 맞다. 그래야 발전할 수 있다.

전문성이란 훈련된 자세라고 생각한다. 그건 기술이 아니라 태도다. 몸에 밴 철학에서 나오는 것이다. 새롭게 맡은 조직의 기관장이 전문경영을 한다면 겸손과 사람에 대한 존중은 기본이다. 미덕이 아니라 당연하다. 자문은 분야별로 다양한 사람들을 염두에 두어 고르게 받아야 한다. 할 수 있다면 생활처럼 퇴근 후에도 여러 사람에게 자주 받아야 한다. 도움 줄 수 있는 분들을 만날 때 그 사람이 잘 아는 분야별로 대화 속에서 자연스럽게 받아야 한다. 그 사람을 존경하는 마음으로, 나의 고민과 기관이 겪는 문제를 털어놓고 경청하면 된다.

하지만 이렇게 하지 않고, 퇴근 후 사소한 술자리를 갖는 것은 좋은 기관장이 하는 일이 아니다. 이것은 대공원에 임명되기 전에

20년 가까이 많은 기관장을 일로서 만나고 저녁 시간 모임에서 관찰해오면서 느낀 점이다.

사실 몸이 고되다기보다는 적어도 퇴근 시간만큼은 대화를 통해 좋은 경영을 할 수 있는 상상력을 증폭시킬 수 있었다. 서울대공원을 시민들이 웃을 수 있는 공간으로 잘 개선한다는 꿈에 부풀어 에너지가 생기기도 했다. 존경할 만한 사람들을 만나면서 마음이 즐거웠고, 공부하는 즐거움도 컸다. 컨설팅을 대체하는 좋은 자문의 답을 찾은 것은 기본이다.

상시적인 자문을 받는 것이 형식적인 자문회의보다 낫다. 공식적인 자문위원회보다는 뜻이 맞는 사람들로 구성하여 내실 있는 연구모임을 즐기는 것이 더 낫다. 그것을 위해 기관장은 자신이 내는 식사비나 커피값을 아까워하지 말아야 한다. 사실, 대공원에는 기관장이 저녁에 쓸 식사비 등의 예산이 부족해 개인지출이 잦았지만, 얻는 것이 더 많은 시간으로 전혀 문제가 되지 않았다.

내가 2년간 만난 전체 자문가의 수는 200명이 넘는다. 퇴근 후의 자문은 주말을 포함하여 평균 하루에 한 모임씩으로, 퇴근 후 저녁에 두 개 이상의 모임을 가졌다고 보면 된다. 홍보나 교육, 자원봉사와 마케팅에 필요한 민간협력을 위해 만난 자리에서 자문을 겸해 받은 것도 있으니, 2년간 저녁마다 하루도 빼지 않고 민간협력 활동을 비예산으로 진행한 셈이다.

그중 가장 기억에 남는 모임은 두 번째 해에 월 1회씩 외부에서 퇴근 후 토종야생동물 노란목도리담비를 돕기 위한 준비로 만난 사람들이다. 처음에는 동물원 시설 문제나 동물복지 문제 등보다는 멸종 위기 동물을 돕는 기부-후원 행사를 통해 시민들에게 알리는 캠페인을 함께 고민하는 과정에서 좋은 건의들이 나왔다.

여러 분야 전문가들과 이야기를 나누면서 새로운 관점에서 바라볼 때는 더 많은 의미를 발견하게 되었다. 반성도 하고, 모르는 분야를 공부하면서 내가 성장하는 재미까지 있었다.

흡사한 일을 이전에 맡아본 적이 있더라도, 변화한 상황과 다른 조직의 현재를 정확히 파악해야 한다. 모든 경우의 수를 헤아려 보기 위해 자신이 무지한 백지상태임을 전제하고, 충분히 들어야 한다. 경청의 자세 말고는 답이 없다.

성장을 위해 기꺼이 '듣는 자리'를 마련하는 것은 매우 중요하다는 생각을 한다. 그것은 나와 주변을 바꾸고 내가 살고 있는 사회를 바꾸어 갈 수 있는 '기회의 문'을 열어 준다. 올바른 리더라면 '자문'을 즐길 수 있어야 한다고 본다. 그것은 자신의 부족함을 체감하고 겸손하게 그 한계를 인정하는 것에서 시작된다.

고정관념을 깨는
용기

리더로서 훌륭한 모범을 보이기 위해서는 고정관념을 깰 수 있는 용기가 필요하다. 기꺼이 자신이 가진 것들을 재검토하고 외적인 가능성들을 생각할 수 있는 용기를 가진 사람이라야 창의적인 사람으로 스스로 발전이 가능할 수 있다

창의성은 발전하려는 조직 사회에 필수적인 요소이다. 때때로 이 강점을 사람의 지능과 연결 짓기도 한다. 이것은 새로운 세계를 열고 더 많은 가능성을 현실로 이끄는 중요한 원동력이라고 할 수 있다. 기존의 고정관념을 타파하고 더 나은 발전을 이루려는 동기도 바로 여기서 나온다.

우리는 때때로 좌절할지 모른다는 두려움에 발목이 잡혀 어떤 일을 시도조차 하지 않는다. 사실, 세상에 태어나서 좌절에 대한

경험이 없는 사람은 단 한 사람도 없다. 좌절은 우리 일상 속에서 늘 마주하는 요소이다.

솔직히 말해, 고집스럽고 고정관념이 있는 리더의 회사는 잘 안된다. 리더로서 우리는 외부의 조언을 받아들일 줄 알아야 한다. 무엇보다도 리더라면 내적인 차별의 요소가 자신의 마음 가운데 있지 않아야 한다.

내 경우, 학창시절 고정관념을 없애는 훈련을 해서인지 일본만화에 나오는 주인공보다 조연, 경쟁자, 악역의 입장에 자주 매력을 느꼈다. 서양영화에 나오는 주인공은 백인이었지만 흑인, 백인, 황인을 두루 다 좋아했다. 존경할 만한 가치가 있다면 그 사람의 문화를 따라했다. 그게 나의 성장 비결이었다. 사람 만나 즐기는 것을 30%, 학교 공부 -사회학, 인류학, 심리학, 정치학- 기본을 하는 것 30%, 노는 것 70%···. 이렇게 다른 사람보다 130%의 시간을 쓰면서 살았다. 30대 가까이 되어서는 잠을 줄이면서 멀티 플레이어의 삶을 살았다. 쉽지 않았다. 가까운 내 미래에 내가 무엇이 될지는 전혀 알 수 없었다.

살아온 전통, 고정관념 때문에 정작 개인은 원하는 삶의 방식으로 넘어가지 못하는 경우를 종종 보곤 한다. 사람은 놀라울 정도로 자신도 모르는 사이에 그런 고정적 관념의 관계 속에서 산다.

발전을 원하는 사람이라면 꿈꾼 만큼 꾀를 내어서 움직여야 한다. 다는 아니래도, 어느 정도는 '성질머리'대로 살고, 조금은 끌리는 대로 살아야 한다.

나는 한때 반주류였던 정신이 주류가 되도록 만드는 데 관심이 많았다. 주류에 편입하는 삶, 상식과 고정관념 속에서 창조를 막는 어떤 삶도 역발상해야 한다고 나는 믿는다. 반주류가 '주류'가 되도록 하려면, 나는 앞으로도 해야 할 일들이 많다. 이들이 좋은 일을 하면 새로운 사상의 시대가 온다. 이미 1990년대부터 20년간 우리 같은 사람들의 생각은 주류가 되어가고 있다

대공원에 있을 때 내가 노력했던 것들이 있었다. 대공원은 숲과 농지로 쓸 만한 땅, 그리고 녹지가 많아 도시농업, 정원서비스, 시민장터, 동물 배설물과 폐목을 활용한 제품 개발 공장 등 혁신적인 생각을 하는 청년들의 일자리를 만들 수 있다. 청년기업들이 들어와 스스로 돈을 벌고 일부를 동물복지, 멸종위기동물 보호, 한국 고유식물 보전 등 공익에 활용할 수 있다. 나는 주변의 협조를 얻어 닥치는 대로 이 뜻에 동참할 청년기업, IT스타트업, 사회적기업과 소셜벤처들을 만나 구상을 나눴다. 20대와 30대 후배들을 직접 찾아가, 그들이 하는 사회혁신의 뜻과 비즈니스의 고단함에 대한 이야기를 듣고 배웠다.

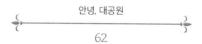

안녕, 대공원

청년들이 활용할 수 있는 공간을 만들고 싶다는 의지를 밝히자, 가장 먼저 청년들이 모여 '재미난 조합'이라는 디자인 커뮤니티를 만들어 동물원 내 자원봉사센터를 이용자 입장에 서서 바꾸어 설계하는 재능기부를 해주었다.

시민들이 사랑하는 공원에 인프라가 만들어진 것이다. 창의적인 자원봉사자들에 의해서 말이다.

임기 동안 만나 대공원 문제를 함께 풀려고 했던 사람들에게 동물 행복의 비전을 전파하고, 함께 변화시키는 열망을 갖자고, 위대한 숲을 만들어 가자고 홍보한 효과도 크다. 이러한 열망이 모여 몇 년 후에 믿음의 공동체가 만들어질 수 있었다는 걸 나는 잘 안다. 바로 지금의 '동행숲 네트워크'이다. 많은 사람들이 내 뜻에 동의해 주었고 대공원의 파트너들이 만들어졌다. 대공원을 서울시가 운영하는 것이 아니라, 시민들이 회원이 되어 공공의 땅을 공익에 맞게 직접 운영하는 공유재산으로 만드는 것이다 전국적인 협동조합을 결성하거나, 국민신탁을 만들어 대공원숲을 보전하면서 운영하거나, 대공원을 사랑하는 사람들의 모임이라는 재단을 만들어 운영할 수도 있다.

공무원만으로는 능력이 모자라 잘 안 되는 일인데, 사람이라는 큰 재산을 얻은 것이다. 비슷한 뜻을 가지면, 비슷한 고민을 하고 같은 행동을 모색하게 된다. 동물보호를 위한 다양한 마케팅 수단, 시민 교육, 함께 공원의 숲을 도전해 나가는 방법 등 같은 방향을 보고 봉사와 협력을 해주는 사람들이 집단으로 모여 있을 때 사실상 문화가 새롭게 형성된다.

동행의 숲을 만드는 비전을 가진 집단들이 모여 있으면, 그런 문화를 시민들에게 퍼뜨리는 문화적인 운동이 될 것이고, 대공원도 이런 행동들을 하는 사람들로 인해 동행의 문화와 분위기, 풍토를 가진 공간이 되는 것이다.

커다란 공원을 여럿이 힘 모아 위대한 숲으로 바꿔나가자는 것. 동물도 행복하고, 숲을 만들 때 시민들이 함께하자는 '동행의 숲'에 대한 전망이 민간에 퍼질 준비가 되었다. 이것은 바로 눈에 보이지 않았지만, 무척이나 가치 있다고 할 수 있는 대공원의 성과였다.

창의적 성과를 만들기 위해, 젊은 청년 정신을 가진 사람이라면 진정성, 올인, 망치고 미치는 일에 두려움을 가져서는 안 된다고 생각한다. 이것은 그 사람의 '실제' 나이나 연륜과는 무관한 것이다. 망가지려면 완전히 망가져도 좋다. 문제가 되지 않겠냐고? 안 죽는다. 나는 그런 창의적인 사람들이 부활하는 모습을 많이 보아왔다.

미치려거든 끝까지 미쳐야 한다. 그래야 반대쪽 고정관념과 집착을 버릴 수 있다. 자신의 발전을 위해 필요한 주변 인프라와 기꺼이 '커넥트'할 수 있어야 한다.

내가 이야기하고 싶은 것은 이것이다. 자신의 개성을 먼저 세우고 표현하라. 그러면 커넥션이 알아서 일어난다. 정체성을 찾기 힘든 시대에 자신을 찾고 싶으면, 네트워킹에 애쓰고 귀담아 보고 모방하고 배워라. 그러는 와중에 자신의 나아가야 할 바가 보일 것이다.

다양성, 다채로움, 해괴망측함, 조화로움, 지루함… 이런 것들에 대해서 우린 어떤 것은 좋고 어떤 것은 나쁘다는 식의 정형화를 하곤 한다. '다른 것'을 '틀렸다'고 보는 고정관념은 저 멀리 치워버릴 필요가 있다는 생각이 든다.

무지를 인정하는
지혜

부족함을 인정하면 우린 훨씬 더 행복해질 수 있다. 한편으로 특히나 자신이 일들을 꼼꼼하고 섬세하게 하려는 사람이라면 자신의 한계를 인정하기 무척이나 힘들어한다. 그러한 경우에 때때로 자존감이나 자부심이 개인의 발전에 방해되기도 하는 것이다. 자신의 부족함을 있는 그대로 받아들이고 스스로 단점에 대해 인정하고 웃을 수 있는 사람이야말로 진정한 발전을 이끌어 낼 수 있는 사람이라고 할 수 있다.

어떤 환경에 있느냐에 따라 사람은 매우 다른 삶을 살게 될 수 있다. 어린 시절 무시와 학대를 받는 등 사랑을 받지 못하는 환경에서 태어났다면 자신에 대해 좋은 감정을 갖기가 힘들 수 있다.

그런 부정적인 생각에서 비롯된 자존감은 오히려 스스로가 가

진 단점들을 고치지 못하게 하는 방해의 요소가 될 수도 있다. 하지만 기꺼이 마음으로부터 자신의 한계와 무지를 인정할 수 있게 되면, 지금까지 자신을 얽매고 있었던 명예와 구속으로부터 해방되고 자유로운 존재가 될 수 있다.

한계를 인정하는 것은 한편으로 자신의 장점과 단점을 깨닫고 스스로의 결점 역시 겸허하게 인정할 수 있게 한다. 자애감을 가지는 계기가 생길 수도 있다. 타인에 대한 넓은 마음이 동기가 되어 바람직한 인간관계를 만들어 나갈 수 있게 된다.

나 역시 내가 잘나서 대공원장이 될 수 있었다고 생각지 않는다. 일하는 동안 전문가가 '아니'라는 생각으로 경영하는 일에 몰두했다. 실제로도 나는 동물원과 놀이시설 전문가가 아니었다. 그 생각에서 내 역할을 출발시켰다.

야생동물, 동물원 사육, 숲 전문가가 아니라면, 나는 절대 '아는 체'해서는 안 되었다. 일하면서 지독하게 배워야 했다. 그렇게 해야 밖에서 보아온 고정관념에서 벗어날 수 있었다. 나는 자신의 전문분야에서 보아온 관점을 억제했다. 그리고 철저하게 거기에서 나의 소임을 시작했다.

서울대공원을 동물원이라고 생각하는 사람들은 내가 부임했을 때 비전문가가 왔다고 생각했을 것이다. 에버랜드, 롯데월드와 비교하며 놀이동산 정도로밖에 못 본 사람들 역시 놀이공원 전문가가 아니라며 우려했을 수도 있을 거라고 생각한다. 하지만 기꺼이 배우려고 한다면, 전문가와 비전문가라는 말이 뭐 그리 중요할까.

나와 함께 일하는 사람 중에는 동물 분야 전문가 중에서 뽑힌 동물원장이 있고, 놀이공원은 오랜 경험을 쌓아온 기업이 전담하고 있었다. 나는 내 조직에 있는 우수한 인재를 써서 믿고 맡겨 제대로 일하도록 격려하면 그만이었다. 무엇보다 그들을 부리는 사람이 아니라 내 파트너, 존경해야 할 자문, 그리고 배워야 할 선생님으로 순간순간 정성을 다해 모시면 되는 것이다. 그것만으로도 내가 우려할 수 있는 일들의 대부분이 해소된 셈이었다.

개인적으로는 경영의 관점을 초지일관 유지했다. 문화 기획자로서 일했었지만, 문화기획자의 전문성을 발휘한다는 생각을 애초에 하지 않았다. 문화공원을 만들기 위해 온 것은 물론 맞았다. 하지만 내게 이것은 문화를 집어넣는 것이 아니라 오히려 공원에서 과잉된 문화를 걷어내는 것이었다.

문화를 보여주는 것이 아니라 시민들이 여가를 즐기고 공원의 자연을 누리는 것이 본질이라는 점이 중요했다.

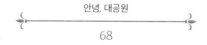

무지를 인정하고 기본에 충실하려는 자세는 모든 리더들과 개인의 발전을 꾀하려는 개인들에게 중요하다고 생각한다.

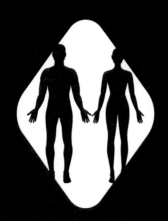

HUMAN BEING

고독하라, 그리고 즐기라
- 인간

사람은 날 때부터 '외로운 존재'이다. 사람은 다른 동물과 마찬가지로 또 다른 종의 존재일 뿐, 존재감에 있어 다른 것들보다 우선시되어야 한다고 생각지 않는다. 그런 면에서 인간의 존재는 다른 모든 살아있는 존재들의 생존과 동일시되어야 한다. 이것이 바로 내가 생각하는 '동행숲'의 동행이다.

외로움에 대해 이야기하자면, '나' 이외의 다른 존재는 굳이 냉정히 말하자면 '타인'일 것이다.

모두가 외롭다. 나도 당신도….

인격을 지키는 최후의 보루,
도덕적 의무

인간은 확실히 다른 살아있는 '종'에 비해 지능적이다. 생존을 위한 모든 일에 있어서 다른 동물을 능가하는 재능이 있다. 중요한 점으로, 인간에게는 스스로의 '격'을 지킬 암묵적 의무가 있다. 스스로에게 주어진 선물 같은 재능을 감사히 삶에 투영시키는 방법이다. 나는 이것을 '인격'이라고 부른다.

단정적으로 말해, 인간이 스스로의 품위를 지키기 위해서는 '인격'을 지킬 줄 알아야 한다. 그러기 위해 최소한의 필요한 가이드라인은 바로 '도덕적 의무'이다. 남자, 여자로서의 이성적 도덕을 지키는 것에서부터 인간이 통상적으로나 양심적으로 알고 있는 도덕적인 가이드라인을 잘 따를 수 있어야 한다. 그래야 우린 스스로의 품위를 지키며 삶을 영위할 수 있다.

대공원장이 된 내게 격을 유지할 수 있는 도덕적인 의무는 전임자를 대하는 것에서 시작된다고 생각했다. 시민과 직원이 이용하는 길을 직접 걸어가 보는 것, 직원들과 함께할 일과 비전을 취임사로 분명히 말하는 것 등이 포함되었다.

부임하고 나서 나는 원장실 문을 열자마자 제일 먼저 전 원장에게 전화를 걸었다. 이런 전임자에 대한 예우는 형식적인 것이 아니었다. 실제 10년 동안 몸담은 분에게 배울 것이 많다고 생각해 인사를 드렸다. 근무의 첫 전화를 드리고 몇 명의 과장들과 함께 부임 첫 주말에 만났다.

전문분야도 경영철학도 다른 전임자의 생각을 충분히 읽어야만, 어떤 사업을 살리고 집중해야 할지, 어떤 것은 버리고 내 길을 찾아야 할지 알 수 있을 것 같았다. 임기 동안 대공원 전체의 경영을 고민한 유일한 존재로, 진심으로 예우할 만 했던 것이다.

전임자가 해오던 일을 '갈아엎으면' 경영비용의 낭비가 일어난다. 꼭 바꿔야 하는 것만 바꾼다는 것이 기준이 되어야 한다. 리더라면 이 점을 기억하면 좋을 것 같다.

전임자에 대한 합당한 예의는 관례적인 것이 되어서는 안 된다는 것이 나의 생각이다. 마음으로부터의 감사와 내면의 진심으로 그를 예우하고 존경할 필요가 있다.

　나에게 있어서 전임자에 대한 예우가 '도덕적 의무'처럼 여겨졌듯, 다른 리더들에게도 각자 그렇게 여겨지는 것들이 있을 거라고 생각한다. 우린 자유인이면서 동시에 '의무' 아래 있다고 할 수 있다. 의무에 대한 신심 깊은 태도는 나를 더 품위 있고 향기 나는 사람이 되게 해 준다.

경험의 순서를
현명하게 디자인하라

돌이켜 생각해 보건대, 이전의 경험들은 분명 현재의 나를 위해 존재하는 '그 무엇'이었다. 이전의 것들, 그리고 새롭게 알게 된 것들을 통해 '나'를 알아간 최근의 시간들은 '숙명' 같은 것들이었다.

물론, 인간은 살면서 내리막을 경험하기도 한다. 누구에게나 시련은 닥친다. 그것도 치명적이고 우울하게 말이다. 하지만 그것도 삶의 한 단면이며 내가 감내해야 할 인생의 장면일 것이다. 우울한 경험들이나 스쳐 지나가는 생각들이 나 자신을 압도했던 적도 있었다.

수많은 경험들은 행복에 이르는 길이 따로 있지 않다는 생각을 하게 했다. 의도했던 일들이 이루어지지 않거나 목적한 바가 이루어지지 않아 크게 낙심했던 경험들이 모두에게 있지만, 모든 건

흘러간다. 물론, 뭔가가 만족스러울 만큼 해결되지 못하면 이내 파열음이 마음에 생기고 스트레스를 느낀다.

가슴을 미어지게 하는 '처절함'을 경험하기도 한다. 이미 나의 일부가 된 슬픔이나 내적인 압력은 견디기가 쉽지 않다. 내면에 쌓인 그런 피고름을 몸 밖으로 배출해 내는 자신만의 방법이 분명히 필요하다. 경험은 이런 면에서 매우 중요한 실마리를 제공한다. 나 자신이 삶의 방향성과 삶의 가치를 결정하도록 하는 데 경험만큼 중요한 것도 없다.

여기에 더해, 확고하고 명확한 신념이 바탕이 된다면 그 어떤 어려움에도 자신을 지탱할 수가 있다. 내가 겪은 일들은 나에게 가장 좋은 경험이었다는 것을 기억해야 한다. 경험들은 내 삶의 피와 살이 되는 영양제 역할을 한 것이다.

경험에도 순서가 있다. 자신이 기왕에 맞닥뜨려야 할 일들이라면 점진적인 순서대로 상황들을 설계해 나가는 것이 좋다. 처음엔 감당하기 비교적 쉬운 것에서 차츰 힘든 것들 순으로 말이다. 자신에게 생긴 내성들은 감당 못 할 것이라고 생각되던 것들을 이겨 낼 수 있는 힘을 제공할 것이다.

나이를 먹어가면서 새로운 일들에 도전할 엄두를 내지 못하는

나 자신을 발견하곤 한다. 삶을 스릴 넘치게 하는 그런 새로운 시도를 하지 않기 때문에 인생이 무미건조해지는 것인지도 모른다. 이 책이 마무리되고 나면 나는 또 다른 설레는 일들을 시도해 볼 생각이다.

맞다. 인생은 경험하는 것이다. "가보지 않고서는 어떤 것도 확실히 알 수 없다."라는 말이 있다. '실제' 경험해 보지 않고서는 그 어떤 것도 완전하게 '안다'고 말할 수 없다. 자신의 가능성을 실험하고 의미 있는 인생을 맛보기 위해 주어진 기회들을 사용할 수 있어야 한다.

나는 한때 인디밴드를 했었고, 동물학도 전공한 적이 없던 사람이었다. 하지만 과거의 경험으로 갖추게 된 능력(바탕)들이 보탬이 되어서 대공원에서 풀어지지 않았을까? 이런 경험을 했기 때문에 문학과 예술과 동물원을 같이 융합을 하려는 시도도 가능하지 않았을까? 나는 당연히 그랬을 개연성이 있다고 생각한다.

학창 시절 나는 친구들을 통해서 많은 경험을 했다. 개성 있는 문화를 즐기는 그룹, 의리를 지키고 일탈을 하는 그룹, 공부를 열심히 하는 그룹, 야망이 큰 그룹 등 다양한 친구들이 내 주변에 있었다. 한편으로 나 자신은 어디에도 적을 못 두는 것 같았다. 현재 젊은 나이에 자신의 야망을 갖고 한 우물만 파라고 이야기

하는 자기 계발서적을 기준에 둔다면, 나는 정말 '못난 놈'이라고
할 수 있었다.

하지만 정해진 것 없이 우유부단해 보이는 이면에 나는 커넥터
의 기질이 있었다. 사람들을 좋아했기 때문에 많은 친구를 사귀
었고, 그 친구들을 보면서 어느 하나가 옳지 않다는 생각을 하게
되었다. 어느 것 하나가 옳지 않다는 것은 어느 것 하나가 절대적
이지 않다는 것이다. 세상을 사는 다양한 방법들이 있다.

나는 현재 나이 50을 넘어 남들이 넘기 힘든 산을 몇 개 넘었
다. 이 시점에 몇 가지 생각이 든다. 왜 많은 사람들이 자원봉사
를 할까? 즐거운 자원봉사가 진정 만들어질 수 있을까? 대공원을
하면서 많은 고마움을 느꼈다. 나는 사회를 위해 어떤 자원봉사
를 해야 할까? 사람들에게 내가 생각하는 이것을 전해줄 수 있으
면 좋겠다고 읊조렸다.

그런 생각들에 의해 나의 경험들은 지금도 이어지고 있다.

돈에 대한
잘못된 심리

돈이 없을 때 우린 불안한 감정이 생긴다. 당장의 자기 생존이 위협을 받는다고 느끼는 것이다. 하지만 이것보다 더 큰 문제는 다른 데 있다고도 할 수 있다. 그 불안감이 커지면서 '먹고살 수만 있어도 좋겠다'는 생각으로 스스로를 제한하게 된다는 것이다. 결국, 적극적으로 '행복'에 대한 생각을 하지 않게 된다는 게 진짜 문제인 것이다.

물론, 사람은 돈이 있어도, 혹은 없어도 행복할 수가 있다. 돈이 행복의 절대적인 요소는 아니기 때문이다. 하지만, 쪼들림 자체 때문에 혹은 물질에 대한 집착 때문에 '행복'을 제한하고 포기하는 건 정말 큰 문제가 아닐까?

'먹고사는' 게 행복이라니…. 사실 먹고사는 건 동물도 해내고 있지 않은가? '행복하냐?'는 질문에 '먹고살 수만 있다면'이라는 틀에 박힌 표현들이 나오는 것은 한편으로는 삶에 대한 긍정적 표현일 수 있지만 다른 한편으로는 서글픈 우리 사회의 현실이라는 생각을 해 본다. 돈에 관한 강박이나 불안은 이렇듯 우리를 영원히 '작은 행복'에 머무르게 한다는 면에서 위험하다.

물론 이것은 '돈을 많이 벌어야 한다'라는 뜻이 아니다. 돈을 벌지 말아야 한다는 뜻도 아니다. 우리 모두가 돈 자체에서 자유로운 영혼이 되어야 한다는 얘기다. 물론, 아무리 정신이 자유롭다 하더라도 부분적으로 우리는 돈에 영향을 받고 있다. 하지만 통장 잔고를 보며 불안해하는 자신의 모습은 어찌 보더라도 행복하지 않다.

자신이 할 수 있는 일들을 포기하지 않고 꾸준히 밀고 나가면 사람의 삶은 어떻게든 엮어지고 유지되어 간다. 이쯤 해서 지금의 내 이야기를 보고 '그래서 도대체가 무슨 말이 하고 싶은 거냐, 뭐 하자는 플레이냐'라고 말할 사람이 있을지도 모르겠다.

정확히 말해, 돈을 '사용'함으로 오는 자유가 아닌, 돈 '자체'에 대한 자유를 가질 필요성이 있다는 얘기다. 결국 사람은 '빈곤' 자체보다는 앞으로 있을지 모를 '빈곤'에 대한 두려움 때문에 발바닥에 땀이 나도록 일을 한다.

약간은 지금의 이 말들이 궤변처럼 느껴질지 모르지만, 실제 사실이다. 사람은 아주 빈곤한 상황에서도 어떻게든 자신의 삶을 이어갈 수 있다. 의지만 있다면 죽지 않는다. 물론 이 얘기는 개발도상국의 굶주린 영혼들의 스토리와는 다른 이야기이다. 우리가 지금 살고 있는 문명화된 사회에서의 이야기인 것이다.

내가 말하고 싶은 것은 돈에 대한 견해를 새로이 갖지 않으면, 우리는 행복할 수도, 어떤 일들을 새롭게 만들어 갈 수도 없게 될지 모른다는 것이다.

과거 대공원에서 내가 마음먹었던 일들을 꾸려 갈 때도 그랬다. 돈이 없으면 경영을 못 한다고 생각하기 쉽지만, 사실은 그렇지 않았다. 나는 아예 예산이 없다고 생각하고 예산 없이 하는 법부터 고민했다. 그리고 진행하고자 하는 계획들이 오래 걸릴 것이라는 전제를 했다.

체질을 개선하는 것이 우선 먼저였다. 이곳이 내 소유의 상업시설이라면 어찌했겠는가. 직원들의 일하는 체질부터 바꾸어놓았을 것이고, 관람객들이 이곳을 생각하는 인식과 여기 와서 즐기는 풍토부터 서서히 바꾸어나갔을 것이다. 그렇게 좋은 이미지를 만드는 것이 먼저였다.

결국 나는 내가 주인이라면 했을 법한 일들을 찾아서 했다. 현실에 근거해서 할 수 있는 일만 한다든지, 현상을 유지한다든지, 표면적으로 공무원들의 실적이 올라가는 일만 건드리는 일 따위는 하지 않았다.

현재의 공원을 잘 유지관리만 해서는 절대로 매출이 올라가지 않는다. 임대수입을 높이면 된다는 것은 알지만, 그것만으로 공원 관리를 한다면 민간의 사업자들이 큰돈을 내도록 하는 갑질일 것이다. 정작 그들도 우리가 봉사해야 하는 시민인데 말이다. 그런 갑질을 통해 시민들의 고혈이 터지는 대신, 서울시 공무원이 공원에서 좀 더 친절한 시민서비스를 할 정도로 품행이 바른가부터 생각해야 했다.

그랬다. 일하는 방법을 바꾸면 되는 것이었다. 하지만, 직원들은 쉽게 바뀌지 않았다. 결국 공원에서 시민들이 봉사하고 재능기부 하면서 창의적인 프로그램이 만들어지는 일, 정부를 만나 대공원 자원을 놓고 사업을 벌이는 일, 이 두 가지를 통해서 없는 예산을 돌파하는 문제를 해결할 수 있었다. 나는 그 두 가지를 바로 실행에 옮겼다. 사람들을 찾아가 만나고 소개를 받고 연락을 했다.

경영인은 좋은 사람을 찾아 일을 맡겨야 한다. 나는 진심으로 다가가 신뢰감 있는 민간협력 그룹을 만들고 취지가 좋은 동물보

호, 숲 보전 활동에 사회공헌, 재능기부 봉사를 요청할 수밖에 없었다. 무리한 재능기부는 비난받겠지만, 궁하면 통한다고, 내가 진심을 말할 때 내가 만난 분들의 열 명 중 일곱 명은 바로 어떤 형태로든 구체적인 도움을 주었다.

나머지 두세 명도 내가 '마음의 기부'라고 하는 형태의 행동들을 해주었다. 적절한 충고, 구체적인 자문, 진심 어린 내 개인에 대한 조언, 처신 그리고 아이디어 기부, 좋은 사람들의 소개 같은 것들 말이다.

심지어 예산과 시간 부족으로 이런 분들을 대공원으로 초청해서 만났다. 시간을 내어 와주는 것이 쉬운 일은 아니었을 것이다. 그런데도 이분들을 모시고 스카이 리프트를 타고 서울동물원에 들어가 순회하는 손님맞이를 늘 할 수도 없었다. 그런데도 애써 촌구석의 원장실까지 찾아와 주었으니, 정말 사람을 믿고 도와주신 것이 분명했다.

한편으로는 부끄럽다. 민간협력자들에 대한 우리 직원들의 대접, 공복으로서의 소양이 선진국 수준은 아니기 때문이었다. 행정인들 스스로 바뀌어야 한다. 직원과 싸우고 직원들의 태도를 바꿔나가려 했다.

경영에 있어 '돈'이 필요한 것은 부분적으로는 사실이다. 그건 두 말하면 잔소리다. 하지만, 꼭 자금이 풍부해야 경영이 되는 것도 아니다. 없으면 없는 대로 활로를 만들 수 있어야 한다. 사실 경영 이라는 게 그래서 필요한 것 아닌가? 보다 재치 있고 지혜롭게 조 직을 꾸리기 위해 필요한 것이 바로 '경영'이라는 분야이다.

대공원장으로 일할 때도 나는 경차를 직접 모는 기관장의 모습 이었다. 지금은? '동행숲'과 관련된 여러 단체들과 대표들을 만나 고 있음에도 걸어 다니거나 대중교통을 이용한다. 나는 커다란 차 뒷자리에 타는 고위공무원이 아니었다. 노정래 서울동물원장, 정 상택 관리부장 등 함께 일하는 분들의 조언을 받아 근면검소한 기관장이 될 수 있었다.

규칙을 엄격하게 지켰다. 1호차는 근무시간에만 썼고, 업무 미 팅이라 해도 퇴근 후 모임자리라면 대중교통을 이용했다. 10년 가 까이 자가용 없이 살아왔었기에, 어머님께 빌린 경차인 티코를 가 끔 직접 몰았다. 미팅 자리로 이동하는 수단은 늘 스스로 해결했 다. 내 소박함은 부모님께 교육받은 바가 크고, 집안 분위기이기 도 하다.

격식보다 실용성을 중시하는 나로서는 자연스러운 것이, 직원들 이나 주위 사람들에게는 검소한 모습으로 보였을 수도 있다. 한번은 차를 바꿀까 한다고 두 사람의 지인에게 말했다. 두 번 다 돌아온 충고는 반드시 임기가 끝날 때까지 차를 바꾸지 말고 티코를 타고 다니라는 것이었다. 이렇듯 나 개인의 '브랜드' 관리에 대한 조언을 해주는 분들이 많았다.

대공원 민간협력을 위해 만난 분들 중에서도 격식 없고 젊은 내 이미지가 인상적이라는 이야기가 많았다. 기관장다운 치장이 없고 소탈한 데 호감을 느꼈다는 경우도 있었고, 보통 기관장과 달라 도울 생각을 했다는 이들도 있었다.

나에게 온 명절선물은 일일이 원장실을 담당하는 비서가 목록을 기록해서 관리부장, 총무과와 공유하도록 했다. 특히 대공원과 갑을 관계에 있는 회사의 선물들은 사절했다. 그 업체가 모든 협력업체에게 보내는 일상적인 명절선물 외에는 모두 돌려보냈고, 그렇지 않으면 직원들에게 나눠주었다.

원장실로 온 선물들 중에서 차나 과일은 원장실에서 하는 자문 모임에 내어 사용했고, 지자체장으로부터 과일이나 특산물이 오면 직원들이나 함께 애써준 민간협력과 재능기부를 해주시는 분들에게 선물로 다시 드렸다.

대공원에는 한밤중에 벌어질 긴급한 상황에 대비해서 현장사업

소장이 묵는 관사가 있다. 전임 원장은 몇 년간 관사에 들어와 살았다고 했고 나 역시 큰 생각 없이 1년 정도 들어가 살았다. 출퇴근 시간을 줄이고 휴일에도 현장을 돌아보는 데 좋았다. 그런데 정상택 관리부장을 통해, 원래 관사의 취지는 야간 유사시 위기관리를 대처하는 데 가장 필요한 책임자를 두는 것이라는 점을 재확인했다.

나중에 모든 관사는 관리부장을 위원장으로 하는 관사관리위원회에서 공평하게 입주자를 정해 쓰는 것이므로 다시 그 원칙에 따라 관사에 들어갈 책임자를 동물원장으로 정했다. 원칙에 따라 절차를 지켜 관사를 나왔다.

서울대공원에 오니 동물원을 무료로 입장할 티켓을 여러 장 달라 하거나, 캠핑장을 무료이용하고 싶다는 요청이 많았다. 호숫가를 도는 코끼리열차라든지, 하늘로 동물원에 들어가는 스카이 리프트를 무료 이용하도록 배려해주어야 할 손님도 많았다.

나는 사설기관의 대표가 아니다. 서울시 세금으로 운영하는 공공시설이기 때문에 임의로 무료 입장티켓을 만들어 선물할 수 없다. 방문객이 지불한 입장료는 시민의 세금으로 바로, 정확히 들어간다. 사은품이나 경품 등의 용도로 입장티켓을 쓸 수 없으니, 카드 제휴나 티켓 연계의 마케팅 아이디어를 내어 실행할 수 없는 곳이 바로 유료 공공시설이다.

시의원을 비롯한 여야의 정치인들이 이 사실을 잘 모르고 초대권을 부탁해도, 직접 전화를 드려 결례를 무릅쓰고 이해할 수 있게 정확히 말씀드렸다. 전화로 사연을 충분히 이야기하여 섭섭함을 잘 풀어드리면 납득하고 오히려 이런 처사에 대해 호감을 갖고 지지해주었다.

공무원은 검소할 뿐 아니라 근면해야 한다는 것이 나의 신조이다. 기관장은 말할 것도 없다. 지도자가 솔선수범해야 하기 때문만은 아니다. 시민이 우리의 주인이고 우리는 봉사자이기 때문이다. 공공재산을 다루는 기관장은 '갑'인 시민이 세금을 내어 일하게 한 '을'이라고 생각해야만 한다.

비용을 들이지 않고 사업을 개척하는 방법이 있다면 실행해야 한다는 것이 나의 생각이다. 시민참여 프로그램, 자원봉사자와 재능기부, 민간협력 사업은 모두 그런 것이다. 안 할 이유가 없다. 이를 관리하는 비용이 들지만, 그것은 세금을 더 쓰는 것보다 훨씬 절약된다.

늘 통장 잔고를 확인하면서 발 구르기를 하는 사람은 돈에 대한 불안에서 자유로울 수가 없다. 내가 그러했듯 자발적 가난까지는 아니더라도 돈에 대한 집착을 버리는 경험을 할 수 있다면, 돈에 관한 강박은 많이 줄어들 수 있다. 돈이 많으면 좋은 점이 있는 게 사실이지만, 삶을 '유지'하는 데는 사실 그다지 많은 돈이 필요치 않다.

많은 돈을 가지고 있으면서도 비굴하거나 심지어 초라한 삶을 사는 사람들이 참으로 많다. 우리는 자유인으로서의 '진짜 행복'을 알 수 있어야 한다. 리더이든 그렇지 않든 간에 말이다.

삶의 열정은
혼자 태어나지 않는다

　자신의 삶을 만들어 가는 일에 있어 혼자서 뭔가를 할 수 있다고 생각하는 사람들이 있긴 하지만, 삶의 열정은 절대 홀로 만들어지지 않는다는 것이 나의 생각이다. 혼자인 게 좋고, 혼자여서 편할 수는 있지만, 세상에 존재하는 명사나 거대한 족적을 남긴 사람들치고 홀로 그런 성과를 만든 사람은 없다.

　'남들이 날 피하는 게 아닌가' 하는 생각에 누군가 다가가려고 해도 미리 선을 그어버리는 경우를 우린 종종 본다. 주변의 그런 모습과는 별도로, 우리 역시 외로움에 사무쳐 눈물을 떨구기도 한다. 사실, 나 역시 때때로 외로움을 경험한다.

　하지만 외로움은 인간이 삶을 살아가면서 일상적으로 겪을 수 있는 감정의 한 형태일 뿐이다. 그리고 이런 외로움이 우리 자신을 더 진지하고 통찰력 있는 사람이 되도록 하기도 한다. 어찌 되었건, 우린 자기에게 존재하는 외로움에 대해 비정상적이라거나 이상하다는 생각을 가질 필요가 없다.

다른 사람과 더불어 뭔가를 하는 것이 익숙하지 않을지 모르지만, 우리는 알든 모르든 다른 사람의 도움과 배려를 통해 성장해 나간다. 설혹 그것이 사실이 아니라고 생각하더라도 말이다. 우린 다른 사람들의 격려나 직, 간접적인 도움으로 우리의 열정을 피워낸다.

그러니, 다른 사람들을 삐딱한 시선으로 바라보기보다는 부정적인 마음을 맘속에서 지워내는 것이 좋다. 잘 안되더라도 말이다. 특정 단체나 커뮤니티에서는 특히나 이런 점들이 더 의미 있게 다가온다. 구성원 모두가 '함께'하는 세상은 거센 바람이 불어도 쉽사리 날아가지 않는다. 그렇게 단단한 기초가 만들어진다. 나무의 뿌리가 서로 뒤엉켜 있듯, '함께'하고자 하는 마음이 있다면 쓰러지지 않을 수 있다.

문화 기획자로 살았던 지난 시절, 퇴근 이후에는 친구들과 함께 '빵'이라는 카페를 운영했다. 젊은 예술가가 되고 싶은 사람들이 다 오는 곳이었다. 퇴근하면 옷만 갈아입고 카페로 갔다.

카페 한쪽 테이블에 기획서를 쓸 수 있는 공간이 있었다. 그곳에서 돌덩이만 한 노트북(90년대 초 노트북)을 펼치고 삼삼오오 모여서 하루하루를 우리가 마치 다다이스트(dadaist: 다다이즘을 신봉하거나 주장하는 사람)나 미래파인 양 특색 있게 보냈다.

그러다 어느 시점, '북과춤'이라는 퍼포먼스 예술집단을 만들어 프랑스 유명극단과 동숭아트센터에서 공연을 하는 등 작은 실험들을 했다. 그때 그런 문화활동을 많이 하면서도 홍보를 위한 노력은 하지 않았다. 솔직히 말해 난 약지 못하다. 그런 것들을 널리 알려 내 이름을 높이고 싶은 욕구보다는 친구들과 함께 창의적인 공동의 세계를 만들어내고 좋은 작품을 만들 수 있기만을 바랐다. 왠지 모를 근자감(근거없는 자신감) 같은 것도 있었다. 굳이 날 드러내려 하지 않아도 된다고 생각했다. 함께하는 사람들이 있으면 그것이 퍼지고 알려지는 것은 시간 문제라고 느꼈다. 맞다! 그 모든 활동들이 동료와 친구들이 '함께' 있었기 때문에 가능했다고 나는 생각한다.

대공원 시절, 대학생 자원 활동 모집, 어린이위원회 공모선정 등 사람을 모으는 일도 했다. 제안과 의견을 모으는 공모사업, 봉사자를 모으는 모임 외에도 대화모임을 죽어라 짰고 민간과 공동프로젝트도 많이 했다. '구하라담비'의 예술인 야생동물보호 기부파티, '헬로뮤지엄'의 한국 표범 종 보전 교재 개발, '빙고믹스'의 동물원 어린이예술교육, 소셜벤처들이 모인 '액션대공원', 어린이동물원의 어린이위원회와 부모들이 그런 예다.

어린이위원회가 특히 고마웠다. 대공원을 사랑하는 시민모임을 만드는 데 가장 쉬운 길은 어린이들이 동물원을 운영하는 위원회를 만드는 것이었다. 참신하기도 하고, 많은 사람이 보고 우리도 동물을 도와야겠다는 생각이 들게 했다.

또 하나는 동물원 봉사교육을 늘리거나 동물보호를 이야기하는 해설사를 길러 내는 거였다. 홈페이지나 다음, 네이버 카페 같은 곳에 이들이 이야기 나눌 곳을 의당 만들어야겠다 싶었다. 이것을 조금씩 해나갔다.

'사람들의 건축'이라 부를 만한 이런 네트워킹에서는 나만이 터득한 오래된 몇 가지 원칙이 있다.

첫째는 돈 없이 하는 것이다. 상상하여 계획이 섰다면 예산에서 해방될 수 있어야 한다.
둘째로 그렇게 하자면 사업보다 '활동'에 초점을 맞춰야 한다.
셋째로, 활동을 잘하려면 일 이전에 모임을 하고, 모임 이전에 만남이 있어야 한다.
넷째로, 함께할 일을 이야기한 후 반드시 그 사람과 그 단체, 그

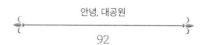

의 작품에 대한 관심을 두고 그 이야기를 듣는 것을 즐기는 것이 중요하다.

그런 일련의 과정들을 통해 더 창의적인 '공동작업'의 기회들과 '꺼리'가 생긴다. 나는 시민으로서 봉사하는 도전이 오히려 임기 이후 계속되어야 한다고 생각했다. 맞다. 그런 모든 과정들이 '함께'라는 가치에 의해 만들어졌다. 그리고 그 가치는 어떠한 금전적 가치보다 유용하고 명예롭고 놀라운 힘을 발휘한다.

좋은 경영은 연대한다. 나에게는 익숙한 일이다. 자신이 활동하는 공간이 사회적 효용을 갖는 공간으로 바뀐다면 고용창출도 가능하고 더 많은 발전을 꾀할 수도 있다.

사람들의 마음을 모으는 것은 하나의 거대한 산을 옮기는 것과 같다. 사람들은 모두 제각각인 삶의 모습을 가지고 있어서 그들의 생각을 한곳으로 모은다는 것은 많은 시간과 에너지가 소요된다고 할 수 있다.

하지만, 노력한다면 노력한 만큼의 결과는 반드시 있다. 마음은 행동하게 하는 '원인'이기에 마음의 공통분모를 갖도록 한다는 것은 리더에게 있어서 하나의 중요한 '툴'을 얻는 것과 같다.

외로운 별일수록
더 밝은 빛을 낸다

1988년 8월 30일 발간된 시집 서정윤의 『홀로서기』는 시집으로서는 이례적으로 최장기 베스트셀러를 기록한 책이었다. 당시의 그것은 어쩌면 시대의 외로움을 반영한 것인지 모른다는 생각을 해 본다. 올림픽이나 정치적 흐름에 의해 떠들썩하던 그때, 상대적으로 개인으로서 외로움에 더한 감정적 위로를 필요로 하는 시기였다.

사실 서정윤의 시에는 이성적 사랑에 대한 것들에 더해 늘 불안해하는 자신에 대한 연민, 위로, 다짐들이 들어 있다. 그의 문학에 대해, 혹은 그의 평가에 호불호가 심하게 갈리는 경향이 있기는 해도, 우리가 살고 있는 이 시대가 사람들에게 부분적으로는 외로움을 강요하는 시대가 아닌가 하는 생각을 가지게 된다.

그의 시 「누군가를 만나기」에는 '홀로서기'가 '홀로 살아가기 위해 필요한 것이 아니라 더불어 사랑하며 살아가기 위해 필요한 것'이라는 표현이 있다. 사실, 내 생각도 크게 다르지 않다. 우린 함께 살아가기 위해 외로움을 감내해야 하는지 모른다. 가슴 시린 기억도 어쩌면 누군가를 더 깊고 의미 있게 사랑하기 위한 것일 거라는 생각을 해 본다.

대공원장이 되고 나서 나는 24시간 동안 대공원 경영만 생각하고 지냈다. 다른 어떤 일에도 관심을 갖거나 취미로 취하지 않고 자발적인 워커홀릭이 되었다. 아니, 내가 즐기면서 찾아든 길이므로 '오타쿠'처럼 빠져 들었다고 하는 게 맞겠다. 현장을 파악하려고 900만 평방미터 대공원 일대를 직원도 물리치고 홀로 걸을 때마다 지치기보다는 내가 두 발로 서나간다는 쾌감을 느꼈다.

부임하고 2개월 동안 다양한 시설에 대한 모든 정보를 파악하고 3개월 안에 시설의 핵심적인 조직역량들을 장악했다. 전체 조직의 리더로서 그 과정은 홀로 서는 느낌이며 무섭고 외로운 것이기도 하다. 한편으로 그때 나는 사람들의 고마움을 알았다. 조직을 이끌어가는 다른 존재들, 나의 조직 장악을 마음으로 돕는 직원들, 그리고 조언을 아끼지 않고 협력하는 민간의 전문가들…

우린 누구나 현실과 싸우며, 혹은 현실과 조화하는 법을 배우며 하루를 살아간다. 그리고 그런 노력이 모여 사회를 이룬다. 많은 부분이 맘에 들지 않을지 모르지만, 우리의 현실은 그러하다. 그리고 나는 이것이 내적인 이질감을 만들지언정 매우 위대한 과정이라고 생각한다. 나 자신과 주변에 존재하는 수많은 것들을 사랑하는 법을 배우는 것이다.

거기에 더해 우린 그런 외로운 별이 되어 자신만의 세계를 만들어 가며 사람들 사이에서 밝게 빛나는 별이 된다. 이것은 사회적으로 이름 있는 사람이 되는 것을 말하는 것은 아니다. 자신의 위치에서 자신만의 색과 '바운더리'를 만들어 가며 의미 있는 삶의 과정을 만들어 가는 존재가 된다는 의미이다.

'손 내밀기 위해서는 먼저 홀로 서야 한다'는 말처럼, 우린 외로움과 싸우며 남이 가지 않은 나만의 길을 만들어 간다. 그리고 그렇게 강해진 뒤에는 힘들어하는 누군가를 위해 손을 내밀 수 있게 된다. 언급했던 대로 홀로 선다는 것, 자신의 힘으로 살아야만 한다는 것은 '위대함'의 범주에 들어가는 일이다. 지독하게 고독한 자일수록 삶의 진짜 묘미를 알아가는 혜택을 누릴 수 있게 된다.

어떤 사람들은 '홀로서기'가 경제적인 자립과 안정된 수입이 주는 안락함이라고 말하기도 한다. 물론, 일면 틀린 이야기는 아니다. 어떤 청소년들은 그게 가장 쉽고 빠르게 어른이 되는 길이라

생각하기도 한다. 하지만, 그런 생각으로 삶을 만들어 가다 보면 나중에 그렇게 했던 것들이 큰 실수였다고 생각하는 시기가 온다. '홀로 서는 것은 부유한 삶을 사는 것을 의미하는 것이 아니라, '의미 있는 존재'가 되는 것을 의미하기 때문이다.

생계를 위한 일과 자신의 자아를 위한 일은 같은 것이 아니다. 맞다. 홀로 선다는 것은 용기와 도전을 요구하는 삶의 과정이다. 홀로서기를 하는 것이 힘든 이유는, '소속감'을 중요시하는 사회적 요구 때문에 주변 시선은 '궤도 이탈자'로 나를 보게 된다는 사실을 감내해야 하기 때문이다. 특히나 자신만의 세계를 가진 이들에게는 그 모든 것들이 힘든 삶의 여정일 수 있다.

혼자만의 시간, 나와의 대화… 그 가운데서 우울해 하는 나를 관찰하기는 쉽지 않은 쓰라림의 순간일 수 있다. 하지만 그런데도 노력하는 자아는 더 밝은 빛을 낼 수 있다.

고독감이 주는
쓸쓸한 유쾌함

리더의 위치는 외로운 자리이다. 때론 무감각해질 필요가 있다. 리더십의 제일 원칙은 내가 솔선하면 조직원이 점차 책임감을 느낀다는 것이다. 젊어 보이니 더 그리 살았는지 모르겠지만, 적극적으로 현장을 뛰었다. 권위 따위는 없이 말하고, 일하고, 악수하고, 듣고, 뛰었다.

대공원장으로 일할 때도 마찬가지였다. 광활한 대공원 현장을 카트 없이 걸어서 보는 경우가 많았다. 리더는 맨 앞에 서든지 아니면 맨 뒤에서 잘 밀어줘야 한다. 이 점에서 난 내가 앞장서 일을 몰아치고 직원을 끌고 가는 독선도 보였다.

내게는 나름의 소신이 있다. 사업계획에, 조직의 전망에, 일체감을 가진 회사에서는 각자가 잘하는 일을 분할해 주고, 믿고, 맡기면 된다. 생각과 체질을 바꿔야 할 시기에 위계에 따라 아래에 믿고 나누어 주어 관리한다면 변화는 없다. 그것은 좋은 리더가 아니라 안정을 지향하는 관료적 태도이다. 경청은 하되 일은 앞에서 드라이브를 걸 수밖에 없다.

변화하는 조직에서 쉽게 동의하지 않는 직원들을 끌고 나가는 유일한 길은 잘하는 팀을 믿고 맡기는 것이다. 어떤 신사업은 직원에게 맡기되 내가 드라이브를 걸고 이끌어 나가야겠다는 판단을 해야 한다. 좋은 리더가 직원을 믿고 맡겨야 한다는 격률에 비추어 볼 때 전쟁터 같은 경영현장의 순간에 직면하여 이런 판단을 내려야 할 때도 나타나는 것이다. 일관성을 갖고 이렇게 해야 한다고 느껴 일부만 믿고 맡기는 아픈 길을 선택하기도 했다. 직원들의 원성과 저항이 있을 수도 있다.

리더로서의 삶은 고독하지만, 때로 좋은 결과들이 도출되어감을 볼 때 보람이 있다. 어떤 경우엔 삶의 단맛이 느껴지는 것 같기도 하다. 하지만 그래도 리더는 고독하다. 그것도 심각하게 말이다.

PENGUIN

독특함인가? 우스꽝스러움인가?

– 펭귄

걷는 모습이 우스꽝스러운 펭귄은 물속에서 가장 빨리 나는 새가 된다.

그들의 물속 유영을 보면 우리가 장애나 불편함이라고 생각하는 것들이 실은 각자의 세계
안에서 얼마나 의미 없는 것인지를 알게 된다.

우린 자신만의 세계에서 가장 위대하고 가치 있는 존재가 된다.

살아남으라.
그리고 좋아하는 일을 하라

 살아남기 위해서, 그리고 좋아하는 일을 하기 위해서 나는 '아방가르드'가 되어야 했다. 돈을 벌기 위해서 한 우물을 열심히 판 게 아니라, 여러 우물을 파서 여러 가능성과 다양성들의 아름다움을 경험했다.

 그 변신을 관통하는 하나의 생각이 있었다. 구슬도 꿰어야 보배라고 했는데, 꿰어매는 끈이 무엇인가 하는 것이었다. 한동안 나의 숙제는 지나온 나의 시간들에 대해 어떤 의미를 둘 수 있을 것이냐를 고민하는 것이었다. 그러다 생각한 것이 비로 '청년정신'이었다.

 달리 표현하자면, 나는 가면을 바꿔 써 오고 있었던 것인데, 가면 뒤에 있는 나의 정체를 고민하고 있었다. 내 청년기를 관통한 몇 가지 사실이 있었다. 우선, 나는 태생적으로 '아방가르드'했다. 남들보다 반 발짝 앞섰다면 환호를 들었을 수 있었겠지만, 나는 7년 이상 그 이후를 생각했다. 결국 사람들에게 환영받지 못하는 결과가 생기기도 했다. 나는 그것을 '7년 앞선 저주'라고 불렀다.

어떤 사람들은 그런 나를 보고 '인디펜던트'라고, 혹은 '언더그라운드'라고 부르기도 했다. 하지만 천만에⋯. 그것은 본질이 아니었다. 내가 너무나 질러가는 길을 선택한 결과였다. 한편으로 나는 '호모루덴스'였지만 다른 한편으로 '워커홀릭'이었다. 너무나 일에 매달려 시간들을 보낸 것이다.

솔직히 말해 나는 뭔가 속 시원히 해냈다는 생각이 잘 들지 않았다. 내 전체 인생을 두고 말이다. 변을 시원하게 봐야 밥을 잘 먹을 수 있다. '놀 땐 놀아야 한다'는 것은 맞는 말이다. 어디까지나 내 기준이고 내 생각이겠지만, 나는 변변하게 '변'을 제대로 보지 못했다는 생각을 내 인생 전반에 가지고 있다. 제대로 놀기 원했으나 내가 만족할 만큼 제대로 놀지 못했고, 일에서도 그랬다는 생각이 든다.

물론, 삶은 아쉬움의 연속이다. 다른 사람이 나를 어떻게 보아주느냐와는 별개로 모든 사람들은 자신의 삶에 대해 불만족스러운 부분을 조금씩은 가지고 있다. 하지만 그 아쉬움을 큰 아쉬움으로 만들지 않기 위해서 나는 젊은이들이 '놀 땐 제대로 놀았으면' 좋겠다(노는 것은 인생의 20대에 오기도 하고 50대에 오기도 한다).

일에 몰두할 때까지 뭔가를 하며 노는 것이 인간의 자연스러운 모습 아니겠는가? 바로 어린아이의 모습이다. 젊게 살고 싶은 것, 이단으로 살고 싶은 것, 아방가르드로 살고 싶은 것, 놀고 싶은 것… 나는 이런 것들이 누구에게나 있는 욕구라고 생각한다. 나는 그런 삶을 지금껏 살아오고 있지만, 아직도 '망하지' 않았다.

이 책을 읽고 있는 누군가는 이상한 생각이 들 수도 있다. 자신은 성공하기 위해서, 재정적인 풍요로움을 가지기 위해서, 혹은 좋은 이름을 가지기 위해서 이 책을 샀는데… 저자라는 사람이 '아직도' 안 망했다는 메시지나 주고 있으니 말이다.

하지만, 우린 착각하지 말아야 한다. 삶의 성공은 물질적 부유함이나 명예에 있지 않다. 자신에게 진정한 의미와 가치가 부여될 수 있는 삶을 사는 것이 바로 성공의 지표라고 할 수 있다. 그러려면 '망하지' 않아야 한다. 좌절하지 말아야 한다. 쓰러지지 않아야 한다. 주저앉아서는 안 된다. 삶의 성공에 이어서 이보다 더 중요한 말은 없는 것이다.

청년정신, 아방가르드, 다르게 사는 것, 호모루덴스를 이야기하

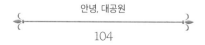

는 것은 이것이 외로운 시대를 사는 사람들에게 진정한 위로가 될 수 있다는 것을 알고 있기 때문이다. 빨간색이나 보라색으로 사는 것은 매력적인 삶일 수 있다. 하지만, '레인보우'로 사는 것도 나름의 의미가 있다. 가치 있는 삶이라고 할 수 있다는 것이다. 물론, '레인보우'에는 고단한 면이 있다.

솔직히 말해, 나는 최고가 되려고 하지 않았고 다르게 살려고 했다. 언더그라운드나 인디펜던트 이전에 나는 아방가르드였고 남들이 이해해주기 힘든 것을 앞서서 하려고 했다. 그것은 재능이나 역량이 아니라, 우연이자 본능적인 호기심에 기인한 것이었다.

[살아남으라, 그리고 좋아하는 일을 하라]라는 메시지에는 '생존'과 '즐거움(행복)'이라는 두 가지 요소가 들어 있다. 리더이든, 자신의 삶을 설계하는 누군가이든, 이 두 가지를 기억한다면 만족스러운 결과들을 도출해 낼 수 있다고 나는 믿는다.

비방과 칭찬에
유연해져라

2013년 11월 18일, 호랑이 사고가 터졌다. 앞서 조금 언급했던 바로 그 일이다. 어처구니없게도 호랑이가 사육공간을 탈출한 것이다. 어떻게 우리 직원은 관람객 통로에 있는 그 문을 열고 들어갔단 말인가!

난 산업현장에서 직원을 잃은 조직의 장이 되었다. 그 직원의 생전 사진을 볼 때마다 너무 가슴이 아팠다. 세상에 호랑이에게 아까운 직원을 빼앗긴 조직의 장이 몇이나 될까. 어찌 책임을 져야 할지 답답했다. 직원을 하나 잃으면서 뼈저린 것을 얻었다.

안전관리에 대한 교훈이 아니다. 책임을 갖고 산다는 것에 대해서다. 일이 있고 나서 내 임기를 다한 후에 단임하겠다고 마음을 먹었다. 더 연장해서 일한다고 의미가 사는 것이 아니었다. 남은 기간 진인사대천명. 마무리까지 최선을 다하는 것, 나 스스로 마지막 날, 마지막 시까지 일을 계속할 사람처럼 임무를 완수하는 자기최면을 거는 것, 이것에 대해 배웠다.

누구의 말대로 나는 인생을 살아갈 근육이 더욱 튼튼해졌고 이 시련을 계기로 강성해졌다. 내가 사회에 나와서도 불쌍한 동물들을 도와야겠다는 생각, 지속해서 동물원 문제를 해결해야겠다는 생각, 그리고 계약직으로 열악한 조건에서 일하는 전국의 사육사들 개인을 잘 도와야겠다는 생각은 바로 이때 하게 되었다. 내 직원들 말이다.

항변할 것도 많고 오해를 풀 것도 많았지만, 그런 것은 중요하지 않았다. 분명한 것은 직원을 잃었다는 사실이고, 그것은 내 관리의 책임이라는 점이다.

사고의 발표를 내가 하는 것으로 결정했다. 나는 이 시설의 최고책임자가 분명하고, 내가 직접 언론 앞에서 설명하는 것이 의연한 길이라고 판단도 했다. 언론에서 사육사 중태에 대한 사과를 해야 하는 것도 나이고, 언론의 질타를 받아야 하는 것도 나다. 이후 온갖 비난이 쏟아졌는데, 만일 내가 하지 않고 직원들이 나섰다면, 내 직원들의 속상한 모습을 내가 견디지 못했을 것이다.

격식을 버리고 앞에 나서서 책임져야 했다. 그런데, 이런 결정과 행동에도 불구하고, 책임자로 문책을 받는 것은 동물원을 책임지는 동물원장이라 했다. 내가 받을 문책이라는 생각이 컸다. 징계위원회에 가서 모든 책임을 내게 돌리고 이들이 전문가답게 일하도록 징계하지 말아달라는 발언으로 정리했고 개인적으로는 더 기회가 있더라도 단임으로 정리해야 한다고 결심하게 된 배경이 되었다.

처음 며칠이 지나자 왜 나에게 이런 일이 생겼는지 속상하기도 했지만 소중한 가족을 잃은 사람도 있고 고생하는 동물원장과 과장들이 있다는 점이 아프게 다가왔다. 동물원을 이끌 유능한 과장과 팀장이 모두 이 사건으로 고초를 겪었다.

사실 그들이 은퇴하거나 떠난다면 정말 안타까운 일이었다. 서울동물원이 큰 힘을 잃을 정도의 베테랑들이자 나에게는 과외선생, 충신들, 묵묵히 일하는 성실한 직원의 표상이었다.

솔직히 말해 나의 안위보다는 동물원장이 서울동물원의 개선과 혁신을 꾸준히 할 수 있도록 평가받기를 원했다. 동물원장은 서울동물원을 발전시키기 위해 꼭 필요한 인재이기 때문에 남겨놓고 싶었다. 대공원은 동물관리의 트렌드를 앞설 수 있는 인재 없이는 굴러갈 수 없는 곳이다.

언론의 질타나 표적에 대응하는 것보다는 나의 직원들과 사태를 잘 수습하고 기운이 꺾인 조직이 다시 발전의 길을 가도록 만들어야 했다. 생즉지사 사즉지생으로 피하지 않고 해내야 할 것은 벌여놓은 일을 꾸준히 밀고 나가, 대공원이 시민들의 공간이 되도록 만들려는 노력이었다. 위기가 곧 기회라는 점도 분명했다. 직원들을 다잡아 미래의 개선을 위해 일하도록 만들 기회였다. 호랑이에게 받은 선물은 위기관리의 나이테였다.

호랑이 사고 역시 제돌이 방류 때처럼 시민 거버넌스를 통해서 문제를 풀었다. 공론화하였고 우리 사회가 함께 이 문제를 풀어나갔다.

호랑이 사고가 난 후 딱 한 달이 되었을 때 크리스마스에서 연말까지 일주일 남은 시즌. 한 해 동안 다음 해 준비를 할 틈 없이 감사 등으로 숨 가쁘게 흘렀다. 이때 나는 약간은 상식을 벗어난 행동을 했다. 대거 자문모임을 통해 대공원의 방향을 재차 확인해보기로 했다. 60명의 다양한 사람들로 집단면접을 보는 셈 쳤다.

상식을 벗어나고 실례를 무릅쓰면서 12월 마지막 주에 60명을 만나 자문모임을 진행했다. 바쁜 스케줄에도 대공원의 변신에 대해 조언하고, 함께 민간협력사업을 찾겠다고 약속해줬다.

호랑이 사건 이전에 새로운 돌고래 서식지 종보전 사업이 있었는데, 돌고래 제돌이를 방류한 가을을 지나 바로 벌어진 호랑이 사고로 장애를 만났다. 호랑이에게 사육사가 치명상을 입은 사고 이후로 내가 매체를 통해 동물복지와 종보전 이야기를 할 기회가 차단되었다.

호랑이 사고라는 악재가 일어나 직원이 사망하자 조직이 감사를 받는 듯 광풍에 휩싸였다. 해야 할 사업을 하지 못한 채 봄에 이르기까지 새해 준비도 못 하고 감사준비를 하였다. 조직 분위기도 말이 아니었다.

사기가 떨어진 직원들은 쉽게 움직이지 않았고, 우울한 표정으로 그냥 하루하루를 살아가는 느낌이었다. 안 그래도 역동적으로 사업을 펼치지 못하는 공무원 조직의 분위기에 기운마저 빠지니 처참한 꼴이었다.

사고 수습을 하니 꼬박 1달이 지났다. 그동안 언론에서는 대공원뿐만 아니라 나를 부적격자, 비전문가로 문제 삼았다. 그때 나는 직원들한테 그런 이야기를 했다. 우리가 해야 할 것은 묵묵하게 우리에게 맡겨진 일을 잘하는 것뿐이다. 불성실한 동물관리, 나태한 조직 등 외부에서 비난이 쏟아졌지만 아무리 힘들어도 맡은 바 하기로 한 사업을 해나가자는 것이었다.

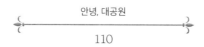

스피노자는 지구가 내일 멸망해도 한그루 사과나무를 심겠다고 했다. 나부터 사과나무를 묵묵히 심는 마음으로 꼭 해내야 할 일을 해내려고 분투했다. 사태 수습을 하고 나니 크리스마스부터 연말에 이르는 시즌이 남아 어떤 새로운 사업, 모임 기획을 할 수 없는 분위기였지만 나는 묵묵히 사과나무를 심는 일을 감행했다.

나에게 그때의 위기는 무엇을 의미하는 것일까? 돌이켜 보니, 그것은 나를 더 단단하고 성숙하게 하는 계기를 만들어 주었다는 생각이 든다. 위기의 순간은 이후 있을지 모를 또 다른 위기를 대처할 역량을 갖추게 한다. 비록 매우 고통스럽게 그 교훈을 얻었지만, 나에게는 나름의 의미가 있는 시기였다. 나는 보이지 않지만 나름의 가치 있는 경험을 하고 있었다.

호랑이 사고를 비롯한 일련의 사건들과 경험들은 나에게 있어 정신적 유연함을 배울 수 있는 중요한 단초를 주었다. 비단 비난 뿐만이 아니다. 사람은 칭찬에도 유연해질 필요가 있다. 사람들의 시각으로 보는 나의 모습은 진짜 본질이 아닐 수 있다. 칭찬이나 비난에 일희일비할 것이 아니라, 의연한 생각으로 주변을 대한다면 나는 보다 강하고 위대한 존재가 될 수 있다.

발자국 하나에도
'나'라는 사실을 알게 하라

특별히 겉치레적인 사람이 될 필요는 없지만, 목표를 가진 사람이라면 자신을 사람들 앞에 공개하는 일에 주저함이 없어야 한다. 세상의 모든 일들이 관계 속에서 생긴다. 그 관계를 만들기 위해서는 먼저 나 자신이 어떤 사람인지 사람들에게 알려야 한다.

자신이 하고 있는 일, 목표를 선언하는 것이 중요하다. 여러 사람에게 자신을 알리고 나면 성취할 일만 남는다. 실제로도 우리는 의식적이든 무의식적이든 간에 자신을 외부에 드러낸다. 우리가 입고 있는 의상이나 암시적 몸짓이나 말투를 통해서 말이다. 상징적으로 말해, 우리가 선택해서 입은 옷은 스스로가 평가받고 싶은 모습을 세상에 드러내는 것이라고 할 수 있다.

리더에게 있어서 스스로나 조직 자체를 사람들에게 알리는 일

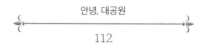

은 매우 필수적인 부분이다. 그렇게 함으로써 정보를 제대로 장악할 수 있게 된다. 리더가 직접 홍보를 할 수 없다면 사실 나는 그것을 부끄러운 일이라 생각한다. 굳이 홍보 분야 전문가가 아니더라도 리더로서 당연히 해야 하는 일이다.

어떤 조직에서나 경영을 맡은 리더의 역할은 영업과 홍보를 하는 것이다. 이것은 사업이나 제품을 알리는 것이 아니다. 그 조직이 만들어내는 사업과 제품의 가치를 알리는 것이다. 그럼으로써 조직의 가치, 조직이 존재하는 이유를 알릴 수 있다. 가치 있는 정보를 찾아내 알리는 과정에서 책임과 사회적 역할, 지켜야 할 의무는 더욱 분명해진다.

동물원장이었던 내게도 이것은 다르지 않았다. 업무추진 시 홍보는 중요하다. 홍보팀장을 만나 신문사를 컨택하고 동물원장의 점검을 받도록 지시했다. 예전 뉴스에 나온 인물을 찾아보고 만나고자 했으며, 개별적으로 기자들을 조용히 만나 독자적인 네트워크를 가동했다. 언제든 뉴스 아이템이 있으면 도움을 받기 원했다.

처음에 우리 직원은 모든 신문사에 같은 보도자료를 내야 섭섭함이 없다 했지만 나는 열 개의 신문사에 각각 줄 주제가 따로 있다고 생각했다. 모든 신문에 보급하는 것은 30주년 행사 같은 이벤트 이야기다. 그래서 2개의 신문사에 각각 방향성(중앙일보-포지

서닝)과 먹이숲(조선일보) 이야기를 하게 됐다.

은유적으로 말해 나는 대공원을 알리기 위해 내 몸을 이용했다. 대공원의 특징을 파악하고 대공원 업무를 장악해 놓고 보니 시민들이 모르는 대공원의 한계를 알았다. 얼마나 홍보를 못 했으면 하는 생각에 혀를 내둘렀다. 이 좋은 공간이 동물원으로밖에 알려져 있지 않고, 또 서울랜드는 별개의 공간으로 여기고 홍보관리를 하지 않아 서울대공원, 서울동물원, 서울랜드, 어린이대공원이 뒤섞여 헷갈리고 있었다.

기자들은 문화사업을 해온 내 캐릭터가 다양한 콘텐츠를 가진 대공원에 간 것에 큰 관심과 매력을 보였다. 나는 청년기부터 3~4년에 한 번씩 변신을 했고 그래서 많은 이미지를 갖고 있었다. 평생 독창적으로 살아온 내 이미지와 너무도 다른 대공원의 이미지가 강하게 남는 걸 원치 않았기에 언론을 직접 대하는 것이 부담스럽기는 했다.

비단 대공원이 아니라 해도 알려야 할 것은 가치다. 어느 시설이든 어떤 사업이든 알아야 할 실태가 있고, 아무리 문제가 많고 열악한 곳이라도 알려야 할 가치가 있다. 주제가 무엇이 되어야 하는가를 알아야 한다. 사실, 리더로서 그러한 '가치'를 찾고 대중에게 그것을 알리는 것은 무엇보다 중요한 일이라고 할 수 있다.

나는 대공원에서도 청년정신을 갖고 살았다. 넥타이는 매지도 않았고, 전기차를 타고 이동하기보다는 운동화를 신고 자주 현장을 뛰었다. 공무직 노조를 정기적으로 만나 대화를 나누거나 시민 자원봉사자들은 무슨 일이 있어도 직접 만나는 등 다르게 사고했다. 동물원 축제는 동물들 귀에 안 좋은 공연을 없애버리고, 동물원장과 합심해 동물들을 만지고 먹이 주는 체험 프로그램을 없애 동물복지에서 파격을 만들어가기 시작했다. 동물원을 비난하기 때문에 우리에게는 껄끄러울 수밖에 없는 동물보호단체들을 불러 함께 동물복지를 위한 동물사 개선방안을 짜기도 했다.

나를 임명한 사람인 시장이 요청했던 상상력 넘치는 시민여가 시설보다는, 시장이 '기본바탕'이라고 여기는 시민들과 만드는 작은 프로그램들에 '돌아이'처럼 집중했다. 퇴임 전 시장보고에서 대단한 실적 없이, 수많은 민간의 협력자들이 성실하게 만들어낸 네트워킹 과정을 보고하고 맡은 바 임무를 보고하였다. 난 부조리와 잘못된 상식을 뒤집는 작디작은 역발상들을 노는 것처럼 즐겼다. 그게 나다운 발자국이었다.

멈추는 것을 두려워하라.
늦는 건 나쁘지 않다

나는 집에서 인생에 공짜 없으니 너무 발악하지 말자고 이야기를 한다. "뭐든 다 괜찮아. 다 잘될 거야." 이 모든 것들이 언젠가는 생산성으로 돌아올 수 있다. 자기개발서에서 제일 많이 하는 말이 '프로'가 돼야 한다고 한다. 하지만 말도 안 되는 일이다.

아마추어로서도 건강하게 자라면 언젠가 그것으로 빛을 볼 수 있다. "프로가 아니면 살아남을 수 없다"는 말은 맞지 않다. 대구 출신 남자고, 집안이 판검사 집안이고, PK(부산-경남) 출신, 서울대 법대 나오고, 바로 검사가 된 후에는 판사가 되는 식의 주말 드라마 같은 설정들에만 성공이 있는 것이 아니다.

프로가 된다는 것은 KBS, MBC, SBS 방송국 PD가 되지 않으면 안 되는 거고, 고시 안 붙으면 안 되는 식의 이야기가 아니다.

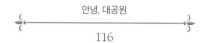

프로인지는 여부는 자격증이나 좋은 학교로 해결되는 것이 아니다. 내가 좋은 학교 나온다고 해서 그것이 나에게 도움이 되지는 않았다. 나는 그렇게 살지도 않았다. 더 많은 사람들이 그런 조건, 집안, 배경 없이도 잘살고 있다.

이상한 사회적 기류들과 편견에 나는 솔직히 화가 난다. '명문가 프로'의 시대가 왔다는 것은 자기 합리화다. 빨리 인생을 결정해야 한다든지, 자신이 좋아하는 것 하나를 찾아야 한다는 것은 거짓말이다. 속도는 그다지 많이 중요한 것이 아니다. 우린 멈춤 없이 방향성을 가지고 움직이면 된다.

어찌 보면 여러 사람 아우성 들으면서 피곤하게 사는 게 리더다. 내가 생각하는 리더십은 집단지성을 믿는 편이다. 직원이든 외부든 다양한 의견을 듣고 풍부하게 조사하면 속단하지 않게 되니까 이 과정에 여럿이 모여 누가 봐도 고개를 끄덕일 30주년 이후 청사진을 잡는 것이 내가 생각하는 리더십이다. 나중에 회의를 많이 하는 지도자란 비판을 들어도 이것은 꼭 필요하다.

네트워킹이라 해도 좋고 커뮤니티라고 해도 좋은데 이런 이상적인 상태는 사실 금방 깨지기 쉽다. 누구나 자기 생각만 하기 쉽기 때문이다. 그런데도 멀리 보고 수평적인 원탁을 짤 때 공감과 신뢰가 형성되면, 당장은 아니지만, 조직의 큰 재산이 되고 비용을 줄일 수 있다.

나는 이것을 믿고 살아왔다. 결과는 없어 보이지만 결정체가 나오기 마련이다. 공감의 장이 네트워크를 만들면 신뢰 속에서 일이 생긴다. 사회적 자본을 끌어오는 것이야말로 공공조직의 경영이다.

사실 문화기획자였던 내가 대공원에 부임한 것은 운이 좋아서다. 나는 2008년에 전통시장에 문화를 넣는 정부사업을 이끈 후로, 문화가 살아숨쉴 곳으로 '장터', 다음은 '공터'라는 생각으로 도시공원과 시민들이 직접 운영해나가는 문화가 공존하는 공부를 했다. 훌륭한 전문가 동료들을 만난 덕분이다.

서울시 공공조경가 그룹에 문화를 다루는 사람으로 유일하게 들어가면서, 도시공원인 서울대공원 경영에 응모하게 된 것이다. 문화컨설팅 회사를 10년간 꾸린 나로서는 대공원의 기본계획을 전략적으로 짜고 장기운영 구상을 체계적으로 짤 수 있는 기본역량이 있었다. 더구나 문화계에서는 마케팅을 강조해 비교적 성과를 본 편이었다.

하지만 문화기획자인 나를 뽑은 이유는 시민들이 함께하는 프로그램을 공원에 넣기 위해서라고 본다. 문화기획은 나를 비롯한 우리 세대에 의해, 공연과 축제를 만드는 기술이 아니라 시민들이 함께 만들도록 이끌어가는 기법으로 전환되었기 때문이다.

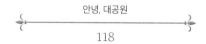

안녕, 대공원

문화기획은 자발성을 가진 사람들 간에 협동을 끌어낼 때의 움직임이다. 축제를 예로 들어보자. 공연도 마찬가지다. 자원봉사자가 더 많다. 내가 몸담은 컨설팅 회사도 하나의 큰 회사가 아니라 전문성이 다른 여러 회사가 수평적 관계로 상호이익을 조정하는 원탁의 경영문화를 갖고 운영되었고, 각자의 이해 때문에 서로 삐거덕거리면서도 차츰차츰 신뢰를 쌓아왔다.

　리더인데 피곤하다고? 당연하다. 리더는 일을 시켜서 편한 자리가 아니고 가장 피곤하고 고된 일을 감내하는 자리다. 그러니 리더가 되기로 했다면 피곤함에 찌들 준비는 되어 있어야 한다. 바로 당신과 나의 자리이다.

비릿한 열등감의
가죽을 벗어라

　대공원은 호랑이 사고를 수습한 후에도, 공원시설의 전력이 나가는 사고가 있었다. 청계산 일대에 산불이 난 적도 있다. 설상가상으로 조류독감이 기승을 부리는 초유의 사태로 동물원을 일정기간 폐장하는 결정도 내렸다. 멸종위기종 조류들이 죽을 수도 있기 때문에 내린 보호조치였다.

　세월호 사건이 난 후에는 전국의 다른 공공시설처럼 안전 노이로제가 생겨, 사실상 호기 넘치는 마케팅이나 시민행사를 전개할 수 없었다. 더구나 지자체장 선거가 임박하면 공무원들은 문화행사와 시민행사를 열 수 없다.

　아까운 시간은 속절없이 가는데 민간협력을 하고 재능기부를 기꺼이 하는 파트너들이 대공원 관람객들에게 전개하는 멸종위기

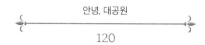

야생동물보호 캠페인 같은 창의적인 홍보행사들을 할 수 없는 것이다. 자괴감이 들고, 정말 좌절감도 들었다. 하지만 위기를 막고 대응책을 모색하는 지휘자인 나 자신을 응원하고 격려하는 것 말고는 방법이 없다는 것도 알았다.

시도한 일들이 잘 이루어지지 않거나 육체적 한계가 느껴지면 우리는 흔히 열등감에 빠진다. 자기를 남보다 못하거나 무가치하게 생각하는 것이다. 이 글을 읽고 있는 당신도 한번쯤은 열등감을 느껴본 적이 있을 것이다. '도대체가 나는 왜 이럴까' 남과의 비교를 통해 자신의 존재가치를 낮추는 일련의 마음 상태는 사실 여러 면에서 자신에게 유익하지 않다.

때때로 자기 연민이 생기는 것은 사실이다. 하지만 이것이 만성적인 감정 또는 의식으로 발전해서는 곤란하다. 자신을 무능하고 무가치한 존재로 여기는 것이야말로 정신에 있어 가장 위험한 상태라고 할 수 있다.

물론, 피할 수 없는 상황 때문에 그런 열등감이 생기기도 한다. 이를테면 신체적 한계 때문이다. 기형이나 병에 의한 장애 혹은 그와 유사한 것들이 원인이 되어 감정적 낙담에 이르게 되는 것이다. 때로는 비교 가치 때문에 그런 마음의 병이 생기기도 한다. 외적으로 예쁘지 않다거나, 잘생기지 않는다는 등 이유도 가지가지이다.

무엇보다 문제는 사회적 요인 때문에 생기는 정신적 낙담이다. 학력, 인종, 신분, 빈곤 등 사회적인 편견과 좋지 못한 시선들은 개개인들을 우울하게 한다. 사회가 만드는 병폐야말로 사라져야 할 부분이라고 나는 생각한다.

사실, 열등감은 누구에게나 생길 수 있는 감정 중 하나다. 특별한 것이 아닐 수 있다. 타인과의 비교, 콤플렉스는 살아가는 동안 피할 수 없는 내면의 소리이기도 하다. 때론 이런 열등감은 겉으로 잘 드러나지 않는 경우도 많다. 표현하지 않더라도 마음으로 품고 있다. 열등감을 성공의 동력으로 삼는 경우가 있는가 하면 열등감에 지배당해 평생을 감정적 노예로 살아가는 사람도 있다.

분명한 것은 결국 힘든 건 자기 자신이라는 사실이다. 열등감은 극복해야 할 요소이다. 우선 상황을 바로 볼 필요가 있다. 원인을 정확하게 파악해야 한다. 그렇게 하다 보면 사실, 감정뿐이었고 그 원인은 별 게 아니었다는 것을 알게 될 수 있다. 무엇보다 객관적인 눈으로 바라볼 필요가 있다.

또한 목표를 설정하고 무언가에 몰입을 하는 것도 좋다. 어떤 일이건 열심히 하는 가운데 마음의 상태는 평정을 찾게 될 수 있다. 사실, 나 역시 자기 연민이 일어날 때마다 뭔가에 몰입하거나 사람들을 만나는 등의 일과를 통해 스스로를 정화하곤 한다. 무

엇보다도 내가 진짜 원하는 것이 무엇인지 생각할 필요가 있다.

나에겐 부정적인 단점들만 있을까? 그렇지 않을 것이다. 긍정적인 부분을 찾고 스스로를 위로하는 것은 우리가 할 수 있는 최고의 자가 치유이다. 다른 사람이 나를 알아주느냐는 여기서 중요치 않다.

남과 비교하기 전에 있는 그대로의 나를 사랑하려고 노력하는 것이 중요하다. 실제로 우리가 바라보는 세상에서 '나'는 누구보다도 귀하고 의미있는 존재이다. 그러하기에 우린 사랑을 받기도 하고 나눌 수 있는 존재들인 것이다.

롤 모델을 자꾸만 고민해 보는 것도 좋을 것이다. 나와 비교하기 위한 롤 모델이 아니라, 자신이 하고픈 일들과 관련된 해당 분야의 멘토들이나 경험자들을 생각하고 그들에게 배울 기회들을 가져보는 것이다. '나'는 개인으로서 중요한 의미가 있는 존재이다.

감정을 솔직히 고백할 수 있는 친구를 두는 것도 좋다. 자신의 결점을 숨기거나 변명하지 말고 그대로 인정한다면 되레 열등감에서 벗어날 수도 있다. 일이 뜻대로 되지 않을 때 연민이나 감상에 빠지는 것을 경계할 필요도 있다. 사실, 열등감을 만드는 사람은 자기 자신뿐이다

'엘라너 루스벨트'는 '당신의 동의 없이는 아무도 당신을 열등감에 빠지도록 할 수 없다.'고 했다. 열등감에는 늘 비릿한 냄새가 있다. 그리고 이것은 본질이 아니라, 가죽에 불과하다. 상황이나 환경이나 마음 상태 때문에 일시적으로 쓰는 가면과도 같은 것이다.

우리 자신의 가치를 인식하는 가운데 만들어지는 삶이야말로 진정으로 가치 있는 삶이라고 할 수 있을 것이다.

진정한 용기는
나를 마주하는 것

내가 가장 힘들 때 나는 기관장이 아니라 '안영노'라는 점을 떠올렸다. 많은 위기를 극복하기 위해 위기관리 전문가들을 소개받을 때, 지인들이 이들을 내게 소개할 때, 그들은 내가 대공원장이라서가 아니라 '안영노'이기 때문에 돕고 또 믿어주는 것이다.

선의로 나를 돕는 기자, 방송인, 홍보전문가 등 위기관리 전문가들에게 딱딱한 기관장이 아니라 미련하게 노력하는 내 모습, 민간전문가들과 함께 야생동물 서식지 보호 캠페인과 동물원 개선 아이디어를 내는 대화를 즐겨 나누는 내 본 모습을 보여주려고 했다.

결국 대공원 위기의 순간, 초조하게 보이고 초라해질 수도 있는 나를 의연하게 만든 것은, 내가 기관장도 대공원장도 아니고, 안영노라고 불리우는 한 인간이라는 사실이었다. 직위나 자리는 중요한 것이 아니었다.

개인으로서는 본질적인 '나'보다 사회적 지위, 이름, 나이, 경험, 보이는 부분들에 치중하기가 정말 쉽다. '꺼풀'이라고 불리는 '껍질'에 대다수가 관심을 가지고 집중하고 있다.

물론 본질적 문제점이나 결점들도 있을 수 있다. 하지만 그것은 우리의 일부일 뿐이지 전부는 분명 아니다. 결점을 고민하는 일에 지나친 에너지를 소비해야 할 이유가 없다. 결점으로 인해 상처받고 전전긍긍하는 것은 지나간 때로 족하다.

진실로 말해, 사람 일개인은 단편적으로 볼 수 있지 않다. 많은 변수들이 있고 많은 장점들이 있다. 이처럼 '나'를 바라보는 관점이 매우 중요하다. 그중 제일 중요한 것은 스스로의 단점도 인정할 수 있는 나 자신이 되어야 한다는 것이다. 우리는 타인이나 특정 대의를 위해 얼마든지 훌륭한 존재가 될 수 있다. 내면에 있는 좋은 것들을 아낌없이 나누고 긍정적인 영향력을 발산할 수 있다.

나를 제대로 마주하는 것에는 용기가 필요하다. 그것이 쉬운 일이 아니기 때문이다. 남들로부터의 인정은 때로 삶의 즐거움이 될수 있지만, 그것은 본질적 차원의 만족을 줄 수 없다. 나는 '나'가 되어야 한다.

굳이
막강해져야 하는가?

리처드 바크가 소설『갈매기의 꿈』을 발표한 것은 1970년이다. 주인공 갈매기 조나단이 깨달음을 얻어 가는 과정은 흥미로움을 넘어 우리에게도 시사하는 바가 크다고 나는 생각한다.

조나단은 숱한 시행착오와 수련 끝에, 갈매기의 본성인 '가장 빨리, 가장 높게' 나는 비법을 체득하게 된다. 여기서 매우 인상적인 스토리가 전개되는데, 조나단이 하늘로 높이 올라가다가 새로운 세계에 들어가 동양적 지혜의 갈매기 치앙(壯子)을 만나는 장면이다.

조나단은 치앙으로부터 나는 것의 한계를 배우고, 마음으로 나는 법을 새롭게 배운다. 마음이 중요하다는 것을 배웠건만 조나단은 여전히 자기가 최고가 될 수 있다는 믿음에 집착한다. 이를 보고 치앙이 소리치기를 "최고가 되겠다는 믿음 따위는 필요 없어.

그러한 최고가 되겠다는 집착에서 벗어나지 않으면 최고가 될 수 없어. 너는 이미 잘하고 있잖아."라고 한다.

집착을 끊음으로써 최고가 될 수 있다는 건 정말이지 우리에게 절실히 필요한 교훈이라는 생각이 든다. 우리 모두는 최고가 되어야 한다는 생각, 막강해져야 한다는 생각에 잠시라도 빠져 본 경험이 있기 때문이다. 굳이 막강해져야 할까? 이 점을 곰곰이 생각해 보면 딱히 왜 그래야 하는지가 증명이 되지 않는다. 우린 생존을 위해 일하면서 즐거움을 누리며 살면 되는데 말이지.

어찌 보면 나는 집착을 끊지 못했다. 대공원을 훌륭하게 경영하고 싶은 집착도, 시민들이 참여하고 대공원과 함께하는 민간 네트워크를 만들고 자원봉사 프로그램이 번창하도록 하는 데 많은 시간을 집중하는 고집도, 밤까지 전문가를 만나러 다니는 워커홀릭의 모습도…. 좋은 경영인으로 나를 증명하고 싶은 동기였을 것이다.

한편으로, 그 집착을 못 끊고 임기를 마친 후에도 동행숲 네트워크를 만들어 무엇을 입증하려 하는 것일까. 함께할 가치 있는 일에 매달려 시간을 투자하면서 꾸준히 그 실천을 해내는 것이 집착이라면, 지금 하고 있는 집착은 크고 확실한 성공으로 막강해지는 집착보다는 계속 시간을 두고 소중한 사람들을 만나는 과정과 관계들을 고집스럽게 즐기기로 결심했다고 말하고 싶다.

우리에게 필요한 것은 우리의 삶을 기획하고 진행하면서 절대로 꼼수를 부리거나 대의에 어긋나는 방향으로는 하지 않겠다는 다짐일 거라는 생각을 해 본다. 본질에 충실한 삶의 진행이야말로 훌륭한 삶을 오래도록 지속하게 하는 원동력이 되는 것 같다.

순수성, 투명성, 진실성 등은 인생의 흥행을 떠나 오래도록 사람 사이의 관계가 지속할 수 있도록 해 주는 그 무엇이다.

ASIATIC WATER BUFFALO

함께하는 것의 든든함

- 물소

물소가 떼를 지어 강을 건너는 모습은 장관이다.
그들은 함께 무리를 지어 다니면서 서로를 보호하고 서로에게 울타리가 되어 준다.
혼자 있을 때도 강하지만 그들은 함께 있을 때 더 파워풀한 힘을 낸다.

지금
누구와 함께 있는가?

시민들을 위한 서비스 시설인데 규모에 비해 대공원에는 일하는 공무원 수가 부족하고 서비스 관리를 위한 예산이 거의 없었다. 공무직 직원들의 근무여건이 열악해 사기가 저하되는 등 문제가 많았다. 이 문제를 해결하기 위해 담당과에서 늘 하는 고객편의 교육만 시키지 말고, 불평등한 처우를 받는다고 느끼는 공무직들을 격려하기로 했다. 하나로서 단합하여 일하도록 부탁했고 다행히 직원들은 잘 따라 주었다.

그런데 격려하면서 조직단합을 해나가는 과정에서 직원들의 성희롱 사건이 벌어졌고, 다시 대공원은 오명을 얻었다. 내가 퇴임할 즈음이라, 한 신문사는 조직 내 성희롱 사고 등 여러 사고로 내가 대공원을 나가게 된 것처럼 악의적인 기사를 썼다. 상처가 될 만한 일이었지만, 내가 누구를 위해 노력해왔으며, 지금 누구와 함께 일하고 있는지는 분명히 알고 있었다. 내가 나갈 때 가장 많이 아쉬움을 표현했던 사람들은 대체로 힘없는 공무직, 처우가 약했던 계약직, 그리고 대공원의 '을'에 해당하는 용역사와 그늘에서 일하는 임대사업자들이었다.

나는 혼자 일하지 않았고, 직원들과 함께 일했다. 어떤 사고든 관련된 직원들 모두의 일을 가슴 아파했고, 직원들의 여건을 개선할 길이 없어 대화를 나누고 위로하는 일이라도 자주 하려 애썼다.

유명한 TV CF 문구 중에 '같이의 가치'라는 말이 있다. 이 문구가 특별한 의미를 부여하는 시대이다. 누군가는 혼자서도 잘 먹고 잘사는 시대가 왔다고 말하기도 한다. 하지만, 같이 일하고 같이 생활하며, 함께 있을 때 더 많은 의미를 찾을 수 있다는 것은 군이 고집 세워 말하지 않아도 당연한 부분이라고 할 수 있다.

요즘은 '혼자'라는 말이 너무나 흔하게 쓰이는 시대이다. '함께'라는 단어가 그립고 새로운 의미로 다가오는 시대이기도 하다. 억지로 다른 사람들과 살을 부비며 살아갈 필요는 없을지도 모른다. 하지만 함께하기에 따스한 온기와 행복감을 경험하게 된다면 우린 누구나 '함께'의 가치를 인정하게 될 것이라고 나는 믿는다. '혼자' 잘할 수 있을지 모른다. 하지만 함께는 더 큰 힘을 발휘한다.

나 역시 대공원에 있는 동안 '함께'라는 것을 구성원들이 느끼게 하려고 무진 애를 썼다. 그들과 함께 만나고 대화를 하고 스스럼 없이 감정을 풀어내도록 하기 위해 노력을 기울였다. 계약직들이 간담회에서 울던 모습은 아직도 가슴이 아프다. 계속 승진이 없는 은퇴 직전의 고참도 봤고, 잘못된 직렬제도로 존중받아야 할 이들이 대접을 받지 못하고 있다는 걸 알게 되었다. 젊은 계약직들이 어떤 비전과 희망을 품고 다닐까. 그것은 쉽지 않은 일이었다.

대공원을 그만두기 2주일 전 계약직 중 20~30대 젊은 층을 불렀다. 원장이 아니라 멘토로서 지치지 않고 다니기 위해서는 퇴근 시간에도 공부해서 실력을 쌓으라고 말했다. 마음이 가는 친구들에게 원장이 아니라 선배로서 이야기해 주고 싶었다.

기관장이긴 했지만, 나는 계약직, 공무직 편이었다. 그리고 임대 시설의 직원들 앞에서 함부로 행동하지 않았다. 낮은 데로 임하려고 했다. 내가 만일 저 위치라면 어떻게 느낄지를 늘 생각하고 처신하고자 했다.

돌이켜 되돌아보면, 나는 급하게 많은 일을 하는 폭주기관차처럼 달렸던 것 같다. 열심히 일했다. 하지만, 내가 재임한 동안 상황이 풀리지 않은 것은 나에게도, 직원들에게도 가혹한 현실이었다고 할 수 있었다. 나에게 뭔가 여유가 없었던 탓일까? 어쨌거나

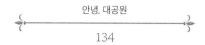

나는 직원들을 보호해줄 때라고 생각했고, 격려가 필요한 존재들이라고 여겼다. 나의 부족함을 느끼고 직원회의에서 그 점을 언급한 적도 있다. 과장마다 불러 미안함을 토로했다. 내가 한없이 모자란 존재임을 느꼈다.

어떤 직원들은 너무 많은 기대로 일을 시키는 나와의 대화 중에 울음을 터뜨리기도 했다. 그랬다. 대화는 무엇보다 소중하고 중요하다는 생각을 지금도 하고 있다. 그들과 면담하려고 노력하고 과하다 싶을 정도로 대화하려고 한 것은 분명 서로에게 유익했다.

2년째 됐을 때 서비스직 친구들, 특히 젊은 직원, 젊은 사육사, 계약직들의 면담을 자주 했다. 이들이 자율적으로 스터디를 하고 시민을 만나는 노력을 해도, 인정받지 못하는 경우가 많았다. 승진하지 못하는 것에 대한 많은 무력감도 가지고 있었다. 공무원의 인사제도가 허락하지 않았지만, 이들이 공부하고 제대로 인센티브를 받게 돕고 싶었다.

민간협력을 함께해 낸 직원들도 있었다. 지금도 이어지고 있는 담비를 살리는 모임이나, '동물 건강을 지키는 운동기구를 만드는 연구모임' 등이 바로 그것이다. 끊임없이 격려하고 끊임없이 대화하려 노력하는 것…. 바로 이것이 리더로서 내가 했던 일이었다. 나는 이 방면에서 성공했을까? 사람들의 마음을 움직이려 애썼고

나 스스로 내면의 후회 없는 만족감이 있었다는 면에서 나는 '그렇다'고 생각한다.

사실 임기 초기에는 직원 조직문화에 관심이 많았지만 쉽지 않았고, 눈높이를 낮춰야 했다. 조직 분위기가 위계적이고 쉽지 않다고 느꼈다. 직원들과의 대화 이면에 외부의 교류를 만들어내기 위해서도 많은 노력을 기울였다.

내가 이렇게 하는 데에는 몇 가지 원칙이 있었다. 교류하다 보면 협력이 일어나게 될 테니 시간을 두고 너무 의도하지 말라는 것이 바로 첫 번째였다. 다음으로 대화하기 위해 노력하고 특히 상대방을 알아나가는 일에 관심을 기울이라는 것이다. 일에 집착하다 보면 사람 그 자체에 관심을 가지려 해도 나조차 놓치기 쉬운 부분이었다.

사실 '구하라 담비' 모임은 정의를 구현하는 구세주처럼 느껴졌다. 담비를 돕는 예술가들이 만든 모임이라니 정말 좋았다. 고맙고 또 고마워 함께 발 벗고 나섰다. 한국에서는 최초로 창의적인 디자이너, 예술가들이 야생동물과 동물원 동물을 보호하는 첫 케이스가 탄생한 것이었다.

나는 내가 민간인 출신임을 잊지 않았다. 초지일관 민간협력의

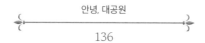

태도로 공무원 기관장을 했다. 그리고 임기를 마치면서 시민을 위해, 이 위대한 숲의 가치를 알리기 위해 캠페인을 만들자고 생각하게 되었다. 그것은 시민의 입장에 서는 것을 잊지 않아서다. 핵심은 이것을 처음부터 끝까지 철저하게 지키는 것이었다.

누군가와 함께한다는 것은 정말 멋진 경험이다. '함께'를 통해 우린 훌륭하고 멋진 일들을 이루어 낸다.

혼자 만드는
무대가 있겠는가?

동지가 많은 것은 좋은 일이다. 특히 삶에서 외부 전문가를 많이 만나는 것은 좋은 인생을 살고, 목표를 정하는 데 크게 도움이 된다. 우리는 친구라는 말과 동지라는 말을 혼용해서 잘 쓴다. 사실 비슷한 표현이다. 굳이 차이점을 두자면, 동지는 뜻을 같이하는 사람이고, 친구는 시간을 함께하는 사람이라고 나는 생각했다. 물론 두 가지 모두 함께, 같이하면 금상첨화일 것이다.

친구가 스승이라는 말이 있다. 3인이 함께 걸으면 스승과 걷는 효과가 있다고도 한다. 다양하게 주변의 자문에만 귀를 기울여도 많은 일에서 지혜를 얻을 수 있다.

사실, 이것은 공원을 경영하는 데도 적용되었다. 나는 집요할 정도로 그 룰을 따랐고 대공원에 적용했다. 사람 만나고 대화하고

사귀는 재미가 있는 데다가 내가 맡은 일의 구상과 계획을 나누고, 참여를 설득하는 일거삼득의 효과가 있었다. 나는 사람 만나는 걸 정말 즐겼다.

어떤 식으로든 대공원에 봉사하고, 대공원이 도움받을 수 있는 사람들을 초청했다. 한편으로 배울 것이 있는 사람, 분야가 다르지만 경험이 풍부한 사람은 조금 무관하다 하더라도 만났다. 그러면 반드시 나에 대한 관심을 보여주었고 대공원에 관심을 드러내고 조언을 했다. 무엇보다 나는 배우기 위해 만났다.

전문가를 찾아가는 방문도 많이 했다. 특히 나이가 어리지만 뜻이 좋은 청년기업가들, 사회적기업가들을 많이 찾아 조언에 귀 기울였다. 낮에 대공원을 방문해서 함께 걸어 다니며 이야기 나누고 싶어 했지만, 시간이 없었기에 원장실 혹은 퇴근 후 카페에서의 만남이 나에게는 더 소중했다. 예산이 없는 공공시설에서 나는 이렇게 전문가 자문을 대신했다.

나 개인을 편하게 하는 인생의 친구는 사실 많지 않아도 될지 모른다. 속을 털어놓는 허심탄회한 친구야말로 진짜 친구일 것이다. 하지만 한편으로 리더나 보스로서 자신의 역량을 펼쳐야 할 위치에 있다면 주변에 조언과 자문 그리고 큰 산을 넘어갈 수 있는 '비빌 언덕'이 되어 줄 수 있는 사람이 많이 필요하다는 생각을 한다.

꼭 '물질'적인 부분을 이야기하는 게 아니다. 나를 독려해 주고, 지친 몸을 일으킬 때 지팡이를 챙겨 줄 수 있는 '긍정적 영'을 가진 수많은 지인, 즉 친구가 필요하다. 인생에 그만큼 큰 힘이 되어 주는 것도 없다.

리더로서 허심탄회한 모습을 보이는 것은 매우 중요하다. 큰 조직에 불만이 있는 직원들이 없을 수는 없다. 하지만 그런 상황이라 하더라도, 리더의 허심탄회한 이야기나 마음을 다한 태도는 불만들을 녹일 수 있는 하나의 계기가 된다.

실패가 주는
짜릿함

대부분의 사람들은 평온한 삶을 원한다. 끊임없이 시도하고 내적 자아를 발견하기 위해 노력하는 것은 불편함을 감수해야 하는 일이기도 하다. 어떤 일들은 시도하는 동안 실패의 쓰라린 경험과 마음의 번거로움을 겪기도 한다. 사실 이런 것들이 두려움을 만들고 뭔가를 시도조차 하지 못하게 한다.

임기 2년 동안 나는 대공원에서 많은 시도를 했다. 돌이켜보면 대부분의 일들에 실패를 했다고 느낀다. 아무리 노력해도 시민 자원봉사자에게는 재량권을 주고 자발성 있게 움직일 기회를 주지 못했다. 직원들의 관람객 서비스는 생각만큼 바뀌지 않았다. 각 임기 마무리에 직원들이 무리해서 만든 대학생 SNS 서포터즈는 힘이 없었다.

하지만 나는 마치는 마지막 전날까지 계속 시도했다. 대공원을 멋진 숲으로 되돌리는 일은 아무리 떠들어도, 내 임기 안에 할 재간이 없었다. 사실 수많은 실패를 안은 내 임기 2년이야말로 그럴듯한 실적이 없는 실패였는지도 모른다.

실패는 내가 틀렸다는 것을 의미할까? 절대로 그렇지 않다. 다음번에는 다른 방법으로 시도해야 함을 암시할 뿐이다. 실패는 포기해야 함을 의미하지도 않는다. 다음번에는 조금 더 열심히 하면 된다. 모두에게는 다시 출발해야 할 충분한 이유들이 있다.

사실, 성공을 거두기 위해서는 '실험적 실패'가 있어야 한다고 나는 본다. 인간에게는 '두려움'이 있다. 실패할지도 모른다는 걱정이 있다. 실패했을 때 다른 사람들이 나를 어떻게 생각할지를 염두에 둔다. 실패했을 때의 무력감은 정말이지 모두가 경험하고 싶어 하지 않는 것 가운데 하나이다. 무엇이든 '안전하게 가는 것'이 제일이라고 생각한다.

하지만 시도하지 않는 자신의 삶이 안전하게만 유지될 수 있을까? 가변성이 많은 요즘 시대에는 그것도 가능한 게 아니다. 오히려 스스로 도약하지 못한다면 자신의 삶 속에서 발전을 기대하기가 힘들 것이다.

많은 사람들이 실패해 보는 게 얼마나 중요한지를 잘 모른다. 그리고 자신의 실패를 다른 사람들의 탓으로 돌리는 데 익숙하다. 그렇게 생각하는 것이 편하기 때문이다. 삶의 길에는 갈등, 스트레스, 패배, 좌절이 있을 수밖에 없다.

실패를 경험할 때마다 우리는 성공 기술을 쌓아간다. 실패는 무언가 새롭게 배웠음을 의미하는 것이다. 실패를 두려워해 발목이 잡혀서는 안 된다. 인생이 뜻대로 풀리지 않는다고 해서 너무 초조해 할 필요가 없다. 그것은 자신에게 전혀 도움이 되지 않는다.

때때로 다른 사람들의 충고나 조언이 필요할 수도 있다. 그리고 이런 유의 것들은 자신의 감정이 휘둘리지 않을 선에서 냉철하게 받아들일 수 있어야 한다. 자신의 잘못이 세상에 드러난다고 해서 스스로가 아주 형편없는 사람이 되는 게 아니다.

J. 앨런 피터슨 박사는 실패에 대해 이렇게 말했다. "대부분의 사람들이 한두 번쯤 자신이 완전하게 실패했다고 느낀 적이 있다. 실패한 경험이 있는 사람들 중 많은 사람들이 그 실패의 공포로부터 벗어나지 못한 채, 오히려 굴복하고 만다. 알고 보면, 실패 그 자체가 실패의 결과보다 훨씬 더 큰 파괴력을 지녔음이 분명하다. 실패에 대한 공포감이 일을 시작하기도 전에 우리를 무너뜨리는 것이다."

실패에 대한 이러한 통찰을 검토해 보면 실패에 대한 우리의 관점부터 바꿔야 한다는 생각을 가지게 된다. 인생 자체 대부분의 시간을 실패를 모면해야 하는 위급상황인 것처럼 행동한다면 힘들게 살 수밖에 없다.

실패로 얻을 수 있는 것들이 많다는 걸 알고 나면 우리는 놀랄지 모른다. 실패는 짜릿하다. 그리고 그 결과 역시 달다.

반드시 알아야 하지만
우리가 밀어내는 것들

소통, 대화의 중요성은 아무리 강조해도 지나치지 않는다. 살아가면서 필수적인 부분이 바로 인간관계이다. 그리고 그것을 위해 필요한 것이 소통이다. 따라서 어떻게 대화를 하느냐는 매우 중요한 고려 대상이 되어야 한다.

좋은 대화란 무엇일까? 어쩌면 그것은 '즐길 수 있는 대화'를 말하는 것일 수도 있다. 각자의 생각과 경험, 서로의 감정들이 섞이면서 달콤하고 의미 있는 분위기가 만들어진다.

대공원 시절, 나 역시 노조와 대화하기 위해 많은 노력을 기울였다. 노조가 관리자 입장에서는 다소 불편할 수 있는 대상인 것만은 분명했다. 하지만, 이들을 멀리하기보다는 규칙적으로 식사하는 등의 자리를 마련해 '소통'을 꾀하려고 노력했다.

공무직 노조는 상용직으로 있다가 정년을 보장받는 이들이지만 공무원들과 현격한 처우 차이가 났다. 그래서 대화하는 기관장에게 요구사항이 많았고, 이들을 관리하는 부서의 직원들과 끊임없는 긴장관계에 있었다.

처우개선은 내가 결정할 수 있는 사항이 아니라 중앙정부와 서울시가 해결할 몫이었다. 서울시의 경우는 예산이 허락하는 한에서 공무직들의 처우를 개선할 의지를 갖고 있었으나, 이는 2~3년의 시간을 필요로 했다. 나는 이들을 만나 대화할 때 된다 안 된다를 따지지 않고 이러한 시간 차이를 이해시키려고 애썼다.

사실, 대화를 할 때는 '마음으로' 대화하는 것이 무엇보다 중요하다고 생각한다. 일상적 이야기들 중에서도 말에 진심을 담아 따뜻한 마음이 스며 있다면 좋을 것이다. 무엇보다 자신의 이익을 따지지 않는 모습이 상대에게 감동을 줄 수 있다는 것을 기억하는 것이 좋다.

상대방의 말에 귀기울여주는 '경청'의 자세를 갖는 것은 리더이든 그렇지 않은 사람이든 꼭 필요한 부분이라는 생각이 든다. 대부분의 사람들이 자신을 자랑하고 자기 말을 하는 것을 좋아한다. 하지만 경청하는 자세로 남을 배려한다면 상대의 생각과 감정을 알아가면서 그를 더 깊이 이해하게 될 수 있다.

사실 대공원 시절, 노력하는 만큼 직원들이 식구로서의 동질감을 느낄 수 있을지가 의문이었다. 하지만 노력해 보기로 했다. 발로 뛰어 찾아가 허리 굽혀 인사를 했다. 대공원 안에 들어와 있는 업체들도 갑이 아니라 대등한 상대로 대화하려고 했다. 그런 노력의 일환으로 관계 개선을 위한 간담회를 열기도 했다.

그래도 그들에게는 '서울시'가, 또 기관장이 어려울 수밖에 없다. 나는 조직의 수장이고 그들의 직장 상사였다. 나의 행동으로 분위기가 바뀌길 바랐지만, 상황은 생각만큼 쉽진 않았다. 인심에 연연하면 안 되지만 낮은 데 있는 직원들부터 살피고 따뜻한 마음을 가져야 했다. 그것이 공무원이고 그것이 기관장이라는 생각을 한다.

할 수 있는 한, 내가 해야 할 일이 무엇인지는 계속 궁리했다. 스스로 '공부'가 된다고 생각했기에 대공원의 하청업체 사장들을 만나 조언을 구했었고, 나는 이들의 갑이기 때문에 직원과 함께 만나 오해와 구설이 없도록 했다. 유익하다고 생각되는 사업제안을 하는 업체도 계속 만나주었다. 서비스 발전을 위해 그들을 만나는 게 내가 할 수 있는 일이었다. 기관장 일을 방해한다고 그들의 면담 요청을 거스르면 그건 문제다. 사실, 시간이 없을 정도로 바빴다. 하지만 그들을 만나는 게 부지런히 뛰는 민선 기관장들의 생리라고 생각한다.

한편으로는 대공원에 문화기획자가 부임한 것은 뜻밖의 인사였다. 항상 나는 기대 밖, 뜻밖의 일을 개척했다. 그러니 '낙하산 인사'라는 폄하성 말도 있었다. 주변의 멘토들은 이곳을 청년들의 놀이터로 만들어보라는 말씀을 하셨지만, 그런 꿈을 넘어 내가 이곳에 있는 이유를 생각했다. 그것은 소통으로 이곳을 경영하는 것이었다. 그리고 그러한 점들을 대화로 풀어가기 위해 많은 노력을 기울였다.

대화를 좀 더 잘 이끌어나가기 위해서는 상대방의 관심사를 묻는 것이 유용하다는 생각을 한다. 자신이 옳다고만 주장하며 말을 하는 것은 상대방을 쉽게 멀어지게 한다. 무엇보다도 상대방을 인정하고 소중하게 생각하는 것이 중요하다. 상대방에게서 내가 몰랐던 배울 점이 있는지 염두에 두고 대화하는 것은 더 나은 대화를 이끌어 갈 수 있는 유용한 팁이라고 할 수 있다.

사실, 내가 지금 언급했던 내용들은 어찌 보면 아주 새로울 것도 없는 이야기들일 수 있다. 그런데도 많은 사람들이 단순한 자존심이나 귀찮음, 혹은 내키지 않는다는 이유로 마음으로부터 밀어내고 있다는 사실이다. 대화와 소통의 중요성은 리더에게 있어서 반드시 짚고 넘어가야 할 부분이라는 생각이 든다.

질투는
삶의 원동력이 될 수 없다

영국의 전설 같은 고대 이야기 가운데 '킹 아더'의 이야기는 빠질 수 없는 부분이다. 그 스토리 가운데 엑스칼리버와 원탁은 매우 상징성 있는 중요한 비중의 물건들이다. 그런데 그 이야기들을 보면 아더가 엑스칼리버로 원탁을 별안간 두 동강 내어 깨어버리는 부분이 있다.

왜 그런 일이 있었을까? 원인은 불신과 질투의 문제였다. 사실, 질투만큼 참혹하고 치명적인 힘을 가진 것도 없다. 질투에 눈이 먼 사람들은 자기가 내키는 것이라면 어떤 일이건 하게 된다. 어찌 보면 질투는 조직을 와해시키고 그동안 공들여 쌓은 탑을 허물어뜨리는 결과를 초래할 수 있다.

인복이 있었던 나는 30대에 두 번이나 좋은 파트너를 만났으나,

두 친구가 가진 유능함을 시기했었다. 한번은 북과춤이라는 예술 집단을 만들 때였고, 또 한 번은 홍대 앞 음악네트워크를 만들어 나갈 때였다. 나보다 뛰어난 친구 덕에 세상을 뒤집는 멋있는 일이 펼쳐지고 있었고 내가 그들을 리더로 도와줘야 옳은 경우였다. 그때 이후로 파트너와 신뢰를 지키며 공존하는 것은 내 인생에서 중요한 과제가 되었다.

서울대공원장은 많은 공공시설을 관리하고 서울동물원은 그중 하나다. 많은 사람들이 혼돈하고 있지만, 나는 대공원장이었고 동물원장은 동물관리의 전문가 중 별도로 뽑는다. 내 임기 동안 유능한 부하직원이 동물원장으로 들어와 있었다. 동물원 동물복지를 개선하는 대부분의 일은 동물원장이 했고, 나는 선생님을 모시듯 동물원장에게서 동물원 경영의 문제들을 공부했다. 동물원의 성과를 대공원장이 가져가지 않고, 유능한 부하직원을 파트너로 두면서 동물원 개혁의 빛을 보게 했다.

분명한 것은 동물원도, 숲도 사람이 만든다는 점이다. 사람을 중시해야 한다. 그러자면 그들과 꾸준히 대화하려고 애써야 한다. 여기에는 질투나 질시가 있어서는 안 된다. 어찌 보면 우리가 사는 사회는 동물원과도 비슷하고 숲과도 닮아있다. 이해 논리에 의해 크고 작은 일들이 발생하기도 하지만, 여기에 질투가 개입한다면 단순한 사건이 아니라, 전체를 다 태워 버릴 수도 있다.

삶에 즐거움을 갖고 살아가기를 원하는 모두는 마음을 지키고 스스로를 돌아보는 데 유능하다. 아니 익숙해져야 한다. 자신의 내면에 무엇이 있는지를 돌아보고 끊임없이 정화할 필요성을 느낀다.

CROCODILE

차가움은 또 다른 삶의 열정

- 악어

악어는 생존 사냥을 위해 물속에서 여러 시간을 잠복한다.
어떤 사람들은 그래서 악어를 인내의 동물이라고 한다.

차갑지만 인내하는 열정을 가진 악어는 어찌 보면 현세를 살아가는 우리와 무척이나 많이
닮아있다.

인생의 모든 장면이
유의미한 경험이다

우리 일상은 경험의 연속이다. 미국의 정치가인 '패트릭 헨리'는 "나는 내 발걸음을 이끌어 주는 유일한 등불을 알고 있다. 그것은 경험이라는 등불이다."라고 말했던 적이 있다.

나에게는 홍대 앞 음악 씬에서 만난 동료들과 문화체육부의 청소년문화축제를 만들다 프리랜서로 자유롭게 살고 싶어 1인 연구소를 만들어가던 경험이 기억에 많이 남는다. 갓난아기 분유값을 벌지 못하는 사람이 될까 봐 겁이 났고 방황도 많이 했다.

하지만 미래학과 트렌드 분석을 독학하고 전략기획과 컨설팅 방법을 스스로 익힌 덕에, 2년 후 문화컨설팅 회사를 만들어낼 수 있었다. 홍대 앞에서 청년문화를 만들어가고 문화기획자로 축제를 만들어낸 덕분에, 그 다음으로는 청소년들을 축제공연 기획자

로 길러내는 독특한 단체를 만들었다.

내가 가진 경험은 요긴하고 의미있게 쓰였다. 컨설팅 회사에서는 그런 경험들을 바탕으로 문화를 활용한 기업교육도 개발하고, 자기개발 서적도 냈다. 내가 겪으면서 도움이 되었던 경험은 직원 동료들과도 나눌 수 있어야 한다고 생각했다. 덕분에 함께 회사를 꾸려가는 동료들과 나는 그저 사업만 하는 것이 아니라 기업의 뜻을 잘 세우고 회사를 만들었다고 좋은 평가를 듣기도 했다.

나의 아버지는 대학 때 내가 말만 하지 말고 행동으로 보여주어야 한다고 말씀하셨다. 지금도 난 말만 많고 일을 못 하는 내 모습이 나타나면 싫다. 나름의 콤플렉스가 있다.

나의 어머니는 남다른 분이셨는데, 자신이 하고 싶은 것을 하라는 것을 무언의 권유로 드러내시지만, 늘 올바른 것을 따져 몸가짐을 바로 하도록 하셨다. 부모님은 제대로 놀거나 제대로 일하는 경험에 대해 알고 계셨다. 하지만 실패하는 경험에 대해서도 인정하셨다.

두 분은 내가 광고 회사 대신 시민단체를 선택할 때도, 바로 취직하지 않고 백수와 한량 사이에서 카페를 전전하며 놀 때도, 유학이 아닌 국내 대학원 공부를 택할 때도, 나이 30세가 되어 안정

된 직장 대신 홍대 앞에 기타를 메고 들어갈 때도 늘 나를 믿어 주셨다. 그리고 있는 그대로 나를 보아 주셨다. 덕분에 난, 놀고, 시간 허비해보고, 실패하고, 실험하고, 도전할 수 있었다. 돈을 벌지 않는, 무용해보이는 경험을 줄줄이 벌이며 30대까지 살았다.

나의 할머니는 내가 기업생활을 하지 않고 한량의 길을 택할 때, 나무라지 않으셨다. 다만, 무엇이든 해보고 그만두어도 문제가 없다는 인생의 충고를 하셨다. 이런 분들 덕분에 나는 놀든, 모험을 하든, 저지르고 또 저지르면서 남들이 가치를 매기지 않은 경험도 차곡차곡 쌓아나가는 사람이 되었다.

사랑하는 어동생은 가장 따가운 충고를 해주었다. 인정으로 남들 돕기 전에 오빠가 먼저 성공해야 한다는 것이었다. 내가 잘되어야 세상을 도울 수 있다는 말은 맞다. 나이가 들어 회사를 하면서 그것은 내 인생의 제일 화두가 되었다. 어떻게 하면 '진정성 있게, 성실하게 성장하느냐' 하는 것과 동시에 '성장하고 성공해서 어떻게 더 많은 것을 나눌 수 있을까' 하는 것 말이다.

홍대 앞 시절 내가 했던 행동들은 훗날 홍대의 라이브 클럽과 인디 레이블 문화를 만들어내는 일을 촉발했다. 난 음악을 하고 놀면서도, 동료를 모아 네트워크를 짜는 일을 했다. 클럽 대표들을 한자리에 모아놓고 같이 클럽연대를 만들자고 했던 것이다. 그

리고 이대 앞에서 최초로 언더그라운드 밴드들의 옥외콘서트를 만들었을 때, 시민단체의 홍보담당으로 있을 때 인연이 된 기자들에게 팩스를 보내 관련 상황을 취재하러 오도록 했다.

이때부터 홍대 앞 음악이 움직이고 언론에 노출되기 시작했다. 난 돈을 버는 구직 대신 굶을 각오로 미친듯이 밴드와 음악 네트워크를 만드는 바보짓을 했다. 처음 하는 경험으로 좌충우돌하더라도 진정성 있게 밀고 나갔다. 그런데 그렇게 놀면서 계속 커뮤니티를 만들어나가니 정말로 그런 문화가 홍대 앞에 형성되는 것 아닌가!

홍대 앞에서 한 경험은 순수한 뜻으로 하는 자원활동이 사람들을 돕는 봉사를 넘어, 결국 내게 학습이 되고 지식이 되고, 내가 살 길이 된다는 걸 알려줬다. 대공원을 나와 동행숲 네트워크를 만들고 기꺼이 자원봉사 하겠다는 자신을 찾게 된 것도 이때 했던 경험 덕분이다.

대공원에 있으면서 사실 많은 사람들에게 적지 않은 고마움을 느꼈다. 대공원의 경험은 나에게 뜻깊은 것이었다. 내가 그러했듯, '왜 많은 사람들이 자원봉사를 할까'를 생각하게 되었다. 뜻이 좋고 진심이 느껴질 때 사람들은 돕는다는 게 그 답이다. 대공원에서 만난 민간 전문가들이 나를 돕는 것을 보고 나 역시 '나의 자원봉사는 무엇으로 해야 할까'를 떠올리게 되었다. 내가 퇴임한 후 대공원 공무원들이 그들에게 문화를 닫았을 때 실망하지 않게 만들어주고 싶었다. 그래서 이들과 함께 연이어 할 수 있는 뜻깊고 즐거운 자원봉사를 만들어주고자 했다. 사람들에게 이런 생각을 전해줄 수 있으면 좋겠다고 생각했다. 결국 이런 생각들이 모여 지금의 '동행숲 네트워크'를 구상하고 실행할 수 있게 된 것이다.

대공원에서 시민들이 낸 세금으로 월급을 받는 나는 도의상 사람들에게 재능기부를 강요할 수 없었다. 진심으로 대공원에서 함께할 동물보호 캠페인의 꿈을 나누는 것밖에는 할 수 없었다. 하지만 대공원을 나온 후에 내가 자원봉사를 하기로 한 이유는, '동행숲'의 꿈 이야기를 나누는 것뿐 아니라 기꺼이 함께 재능기부를 하자고 떳떳하게 말할 수 있는 위치가 되기 때문이다.

사실 나는 민간인으로 돌아와 동행숲 자원활동을 하고 사람들을 끌어들이면서 속이 다 후련했다. 공무원들이 함부로 민간인들의 재능기부를 바랄 수 없기 때문에 대공원 안에서는 자원봉사를 끌어내는 것이 조심스럽지만, 지금은 내가 하는 이 멋진 봉사의 세계에 참여하도록 권할 수 있는 것이다. 순수한 자원활동으로 동행숲 네트워크를 만드는 데 무보수 봉사를 한다 할지라도, 나중에 이 경험은 더 훌륭한 리더로 나를 닦아 세울 것임을 나는 잘 알기에 기분이 좋다.

경험을 통해 자신의 삶을 풍요롭게 하는 사람들…. 나는 그들을 '에고이스트'라고 부른다. 열정적인 에고이스트는 자기발전에 에너지를 집중한다. 자신이 책임지고 인생을 주도하는 자가 성장을 꿈꾼다. 자신이 계획 세우고 새로운 인생 경험에 도전하려는 욕망이 강하다. 그들에게 있어서 희망은 구조에 있지 않고 그들 자신에게 있다. 공유경험이 에너지를 만들어낸다

경험은 사실 삶 그 자체라고도 할 수 있다. 경험은 또 다른 경험을 반복할 수 있게 해 주고 삶을 익숙한 것이 되게 해 준다. '정사의 경험이 단 한 번도 없다는 여인은 있지만 한 번밖에 없다는 여인은 드물다.'라고 '라 로시푸코'는 이야기했었다. 무언가에 대한 경험이 일상적 경험을 만들어낸다는 것이다.

사실, 모든 삶의 경험들이 유의미한 경험이다. 20대에 사람은 멋모르고 어떤 일들을 시도하기를 즐긴다. 그때는 정말 그런 용기가 어디서 나오는지 계속해서 무언가를 시도한다. 변화무쌍하고 자기 운명을 개척할 수 있는 시도들을 하며 도전을 받아들인다. 그리고 그런 시도들이 훗날 잊을 수 없는 추억과 익숙함의 바탕을 이룬다.

인생의 모든 장면이 의미 있는 기록들이라는 것은 우리에게 시사하는 바가 크다. 지금 살고 있는 '현재'가 우리에게 얼마나 중요

한 순간인가를 알게 하는 것이다. 그리고 그런 소중한 순간에 대한 인식이 우리를 더 품위 있고 고상한 사람이 되게 한다.

평범해 보이는
비범한 통찰

조금 이상해 보일지 모르지만, 나는 인간과 인간 사이는 신뢰를 계속 유지하는 존재가 아니라는 생각을 하고 있다. 다소 냉소적인 인간관을 가지고 있는 것이다. 그러다 보니, 인간에 대한 기대를 별로 하지 않는다.

30대 시절, 나는 인간에 대해 암묵적으로 그런 생각들을 해 왔다. 그것이 인간이라고 인정해버리고 말았다. 그렇다면 인간 관계는 모두 헛된 것일까? 아니다. 신뢰를 유지하고 나서 신뢰의 끈이 빨리 끊어지는 것이 인간이기에 '너'나 '나'나 계속 노력하고 정성이 가야 한다고 생각한다. 그것이 바로 진정성인 것이다.

참 진(眞), 뜻 정(情), 성품 성(性). 이 3가지 요소가 다 인간에게는 있어야 한다. 여기에 나의 소통의 이유가 존재한다. 기대를 많이 안 해서 사람을 보는 데 여유가 있고, 기대를 안 해서 더 네트워킹을 해야 할 이유가 분명해지는 것이다.

이것은 일종의 내 개인적인 통찰이다. 평범해 보이는 비범한 통찰이지만, 이것이 옳은 통찰인지 혹은 어느 정도의 가치가 있는 통찰인지는 전혀 별개의 문제라고 생각한다.

확실한 것은, 대공원에서도 이 마음으로 진정성 있어 보이는 것을 실행하려고 노력했다는 것이다. 마음을 다하는 커뮤니티가 만들어질 것이라는 순수한 이상으로 직원들을 꾸준히 만난 것은 아니다. 사람들은 생각보다 동료를 위할 줄 모른다. 정말로 몇 년 안에 시민들의 네트워크가 만들어질 것이라고 확신해서 민간 전문가들을 낮밤으로 만난 것도 아니다. 사람들은 생각만큼 이웃과 함께할 마음이 없다.

꾸준한 마음으로, 최대한 많은 사람에게, 똑같은 뜻을 반복해서 말했다. 시간이 내 편이고, 계속하면 나중에 내 진정성을 알아줄 것이며, 인간에 대해 기대하지 않았음에도 훗날 마음이 움직인 사람들은 몇몇이라도 동행하는 일이 발생할 것이라는 점을 나는 알았다. 그래서 정성으로 사람을 만나는 미련스러운 일을 계속했다.

이렇게 살아도
되나?

대학원을 다니던 시절, 어머니께서 시민단체 대표로 선거에 나가신 적이 있었다. 나 역시 대학원 두 곳을 동시에 다니며 바빴지만, 친구들을 몰고 선거운동을 도왔다. 그 시절 나의 의상은 선거 운동원답지 않았다, 전혀! 유행하는 헤어스타일에 찢어진 청바지를 입고, 컨버스화를 신고, 로커들이 입는 가죽자켓을 걸쳤다. 그렇게 찌라시(낱장 광고)를 뿌리면서 선거운동을 했다. 워낙 평범하지 않았기 때문에 '저렇게 해도 되나' 싶었을 모습이 당시의 나였다.

대학원 마치고 나서는 '제일기획'을 갈 기회가 있었다. 하지만 그곳을 가지 않고 '재단법인 크리스찬 아카데미'라는 시민단체를 택했다. 재단 출신인 어머니가 그렇게 되도록 추천해 주신 줄로만 알았다. 하지만 아니었다.

직장에서 나를 뽑은 기획실장님에게 왜 뽑았는지 물어봤다. 놀랍게도 시민운동 쪽에도 날라리가 한 명쯤 필요한 것 같아서라는 대답을 해주셨다. 선거운동 때 찌라시를 뿌리는 모습이 보기 좋았다고 했다. 몰고 다니는 친구들, 영화하는 친구, 음악하는 친구들까지 선거운동을 하는 모습이 당시에는 기가 막히게 참신했던 모양이다.

대학원 지도교수님을 만나 뵙고 "선생님, 제가 원서를 냈던 삼성물산도 안 갔고, 제일기획도 안 가고, '재단법인 크리스찬아카데미'를 갔습니다. 혹시 저를 추천해 주셨어요?"라고 여쭈었다. 교수님은 "너 왜 거기를 가니. 너 같은 애는 삼성 같은 엄격한 조직에 가서 빡빡 기어보는 게 나중에 도움이 될 텐데."라고 하셨다. 그 이야기를 듣고 충격을 받았다. 자유분방한 사람일수록 질서를 겪어보아야 진정한 자유를 알게 된다고 할까? 할머니 이야기가 떠올랐다. 내가 어디 가서 무엇을 하든 내 개성과 반대 면을 택하고 겪어보고 그만두어도 된다는 교훈 말이다.

한국 특유의 처절한 조직 문화와 규범적인 세계를 겪어보면 역설적으로 나중에 더 날라리가 되었을 거란 생각이 든다. 대기업을 갔더라도, 방송국이나 광고회사를 갔더라도, 유학을 다녀온 후 교수나 기자가 되더라도, 인고의 경험을 하다가 자유를 찾아 과감히 몸을 던졌을 것 같다. 결국 어느 순간엔가 우리는 내면의 목소리를 따라 생긴 대로 살게 되어 있다.

물론 그러기 전까지 자신이 적성을 찾아 맞지 않는 곳에서 힘들어도 하고, 앞날의 할 일을 정하지 못해 방황하기도 하는 것은 값진 경험이다. 자신이 원치 않지만 배우기 위해, 생계를 유지하기 위해, 참으면서 무엇인가를 통과하기 위해 해내는 모든 일 역시 귀천 없이 자신에게는 값지다. 그 경험이 언젠가 쓰임이 있기 때문이다.

청년기에 어느 길을 택했더라도, 앞으로 어떤 길을 가더라도, 모든 경험이 기꺼이 할 만한 가치있는 것이라 생각한다. 대공원을 나와 서둘러 일자리를 알아보는 일 없이 새로운 직업을 찾는 공부를 하고, 동행숲 네트워크에서 봉사활동만 하면서 2년을 결심대로 살았어도 죽으란 법은 없었다. 맞다. 그렇게 살아도 된다.

자유롭게 살아왔기 때문에 나의 체질이 공무원이나 대기업에 맞지 않을 것이라는 속단 역시 나를 자유롭지 않게 얽매는 것이었다. 다른 면을 겪어보면 안 맞을 수도 있지만, 또 새로운 세계가 열리기도 한다. 나는 대공원에 갔을 때 내가 의외로 공무원 체질임을 알았다. 날라리로 살다 보니 내가 조직 사회에서도 익숙한 면이 있다는 걸 알게 된 것이다.

사람들은 세월을 거듭해 가면서 자신이 '잘 가고 있는 것인지'

의문을 가지게 되기도 한다. 하지만, 내가 경험한 바로는 이렇다. 자신이 잘 가고 있는 것인지 의심하는 그 순간의 경험도 결국 나 자신을 위한 순간이라는 것이다. 결국 우리는 자신이 꼭 필요한 곳으로 간다. 그런 인생을 살게 되어 있다. 그러니 지금 의심하고 낙담할 이유가 없다. 안심하시라!

변명으로부터의
자유

대공원에서 '호랑이' 사태가 있고 나서 나는 '호랑이'에게 선물을 받았다고 생각했다. 그건 위기관리의 나이테였다. 변명하려고 하지 않았다. 호랑이 사고 같은 일이 일어났을 때에는 아랫사람이 아니라 기관장이 책임을 져야 한다.

돌고래를 서식지로 돌려보내는 사업으로 남방큰돌고래 제돌이를 제주도 앞바다에 방류한 가을을 지날 무렵 바로 벌어진 호랑이 사고로 사실, 대공원장 입장에서는 큰 장애를 만난 것이었다. 호랑이에게 사육사가 치명상을 입은 사고 이후에 나는 매체를 통해 동물복지와 종보전 이야기를 할 기회가 차단되었다.

에버랜드 같은 시설은 좁은 공간에서 훨씬 많은 이용객을 상대하는 동물들의 스트레스가 크므로 사고가 날 소지도 많다. 서울대공원은 호랑이 사고 이후 언론의 질타를 한몸에 받았지만, 다른 동물원의 취약한 문제를 들춰내거나, 전임 원장이나 전임 동물원장 시절부터 이뤄진 문제로 비화하지 않도록 노력했다. 이런 노력들이 바로 변명하지 않는 리더의 모습이었고 위기관리의 나이테였다

호랑이 사고로 인해 직원이 사망하는 일이 일어난 뒤, 대공원은 감시를 받는 듯 관심과 매서운 눈초리의 대상이 되었다. 할일이 많았지만 제대로 이어지지 않았다. 계절이 바뀌어 봄이 될 때까지 새해 준비도 못 하고 감사준비를 했다. 당연히 분위기는 최악이었다. 의욕이 꺾인 직원들은 쉽게 움직이지 않았고, 우울한 표정으로 하루하루를 무감각한 듯 버티어 나가는 것이 그들의 모습이었다.

호랑이 사고 때처럼 위기를 관리하고 지도력을 발휘해야 할 필요가 있음을 나는 경험을 통해 배웠다. 의연하게 조직원들을 지켜내는 방법도 알게 되었다. 그 의연함을 직원들이나 바라보는 응원자들에게 어떻게 표현해야 할까? 시민들에게는 어떻게 비쳐야 할까? 나는 마지막 날까지 묵묵히 한 그루 사과나무를 심는 사람이 되고자 했다. 위기를 겪고서야 비로소 내가 보여줄 리더의 상이 명확해지기 시작했다.

자신에게서 나는 냄새에
민감해져라

　누구에게나 장점과 단점은 있다. 그것은 리더나 기업으로도 그렇다. 하지만 단순한 장점이나 단점은 크게 문제가 되지 않는다. 관점에 따라서 어떤 사실들이 장점이 되기도 하고 그렇지 않을 수도 있기 때문이다.

　중요한 것은 바로 '위기'에 대처하는 자세이다. 자신이나 기업에 냄새가 나는지를 돌아보고 외부에 불쾌한 냄새가 되기 시작했다면 민감하게 반응하는 것이 필요하다는 얘기다. 여기에서 민감하다는 것은 감정적 대처를 이야기하는 것은 아니다. 위기에 대처하기 위한 기민하면서도 능동적인 행동을 해야 한다는 것이다.

　지혜롭지 못한 대처는 기업이나 개인의 미래에 치명적일 수 있다. "당신네 회사에서 만든 초콜릿 때문에 인도네시아의 오랑우탄

이 죽어가고 있다"는 메시지가 담긴 동영상이 인터넷에 돌았던 적이 있다. 바로 스위스의 식품회사 네슬레를 겨냥한 것이었다. 네슬레는 여기에 대해 민감했지만, 감정적인 대처를 하고 말았다. 법원에서 가처분 명령을 받아 동영상을 삭제하는 조처를 한 것이다.

결과는 매우 부정적이었다. 삭제한 동영상이 수많은 블로그와 커뮤니티 사이트에 올라왔고 대중의 관심은 더 열렬하게 타올랐다. 페이스북 페이지에는 항의가 올라오는가 하면, 불매운동 조짐까지 보였다고 한다. 네슬레는 그 페이지를 폐쇄해 버렸다. 수십만의 이용자들이 적으로 돌아서는 순간이었다. 네슬레가 망한 것은 아니지만, 이 사건은 실패한 기업 대처 방식으로 유명한 일화가 되었다.

반면 도미노피자는 적당히 넘어가기 어려울 정도의 큰 사건을 아무렇지 않게 잘 넘겼다. 미국 노스캐롤라이나 주의 한 매장에서 직원들이 피자 재료에 코를 흘려 넣는 등 역겨운 장난을 치는 장면이 유튜브 동영상에 올라왔다. 사흘 만에 100만 명 이상이 이를 보게 되었다. 도미노피자 최고경영자인 패트릭 도일이 직접 사과 동영상을 찍어 유튜브에 올렸다. 이어서 물의를 일으킨 직원들은 즉시 해고됐다.

매우 기민한 반응이었고 정면 돌파를 통한 해결 방법이었다. 결

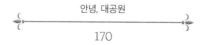

국 이 사건은 하나의 해프닝으로 끝이 났다. 일부 철없는 직원들의 장난이었을 뿐 도미노피자 자체적 문제는 아닌 것이 되었다.

기민한 대처는 개인에게도 적용된다고 할 수 있다. 때때로 정면 돌파식의 진정성 어린 태도가 가장 효과적인 대처 방법일 수 있다고 나는 생각한다. 무엇보다도 주변에 불쾌한 냄새가 될 수 있는 상황들에 민감하고 적극적으로 대처하는 것이 포인트이다. 호랑이 사고 때 동물원장이 아니라 대공원장인 내가 직접 방송에 나와 즉시 사과한 일은 시련이 아니라 용기를 갖고 묵묵히 대처할 기회를 준 것이었다.

감정이라는
해묵은 변비

돌이켜 보면 내면의 시련은 다른 것들을 위한 고통의 과정이었다는 생각을 한다. 감정적 문제들에 압도되어서 헤어나지 못하는 일들이 반복되면 안 된다. 시각과 사고를 열어 원숙한 관점들을 가지기 위해 노력할 필요가 있다.

이미 언급했지만, 나에게도 감정의 불유쾌함을 가지게 했던 몇 번의 인생 경험들이 있었다. 홍대 문화를 만들고 나서 이후 불명예스럽게 그곳의 삶을 유지하고 싶지 않아 그곳을 빠져나왔을 때도, 호랑이 사고 이후에 '낙하산'이라는 말을 들으며 언론의 질타를 받을 때도 나의 감정이 의연해지기 힘들 만큼 어려웠다.

하지만, 감정은 변비와 같다. 그것도 내장을 녹이는 향기로 가득한 '해묵은 변비'인 것이다. 고통으로 정체성마저 혼란스러울 수

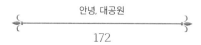

있지만, 변비란 모름지기 '싸재껴야' 한다. 털어내고, 비워내고, 깨끗하게 해야 할 대상이다. 그러니 사는 동안 자신을 고통스럽게 했던 상처가 떠오른다 하더라도, 그것이 나의 트라우마가 되었다 하더라도… 털어내기 위해 능동적인 노력을 기울일 필요가 있다.

타인과 자신에 대해 불필요한 감정 찌꺼기를 방치한다면 힘들어지는 것은 자신뿐이다. 솔직히 말해, 삶은 우리가 원하는 대로 풀리지 않는다. 우리는 자주 감정적 기복을 경험한다. 긴장, 초초, 분노 등은 이미 내 삶의 벗이 된 지 오래다. 감정을 드러내고 방어적이 될 필요가 없다.

짧은 임기 2년으로 나를 보여주기엔 아쉬운 것이 너무 많다. 호랑이 사고, 언론의 무리한 비난, 직원 성희롱, 공무직 노조의 시위, 청계산 산불 진화, 조류독감으로 인한 동물원 폐장 등 많은 사고로 상처받고, 실의에도 빠지고, 부당함에 분노도 느꼈다.

나의 부덕과 무능함 때문인가 자책도 했다. 하지만 이 모든 것은 30년 후 서울대공원을 위대한 숲으로 되돌리고 동물복지의 낙원으로 만든다는 비전, 이를 위해 민간에서 모여 동행숲 네트워크를 만들고 나 역시 퇴임 후에 간사로서 봉사한다는 생각으로 어느 순간 다 풀어버렸다.

지난 세월의 감정과 상처들은 이제 나에게 옛일이 되었다. 현실과 이상 사이의 간극을 구분하고 분리할 수 있게 되었다. 자신을 돌아볼 '필요'를 느끼지만, 감정적 참담함에 빠지지 않도록 자신을 경계할 필요가 있다.

마음의 평온함은 인생을 더 진지하고 풍요롭게 한다.

무던해지도록
감정 근육을 단련하라

앞서 언급했던 대로 우리는 있는 그대로를 받아들임으로써 감정적 괴로움을 겪는 일에서 자유로워질 수 있다. 인성의 성숙은 자신이 '믿고 싶은 것'을 기정사실이 아니라 수많은 가능성 중 '하나'로 '인정'할 수 있을 때 생긴다.

성숙이 없는 사람에게, '믿고 싶은 것'은 '기정사실'이 되고, 옳은 것이 되며, 신념의 가치가 된다. 당연히, 그런 가치를 실천하거나 삶의 지표를 가진 자신은 자신만의 세계에서 '특별'한 사람일 수밖에 없다. 뻔뻔한(?) 자신에 대한 의미부여는 그렇게 생긴다.

때론, 그런 '의미부여'에 쉽게 흔들리는 순진한(?) 사람들도 있다 (생각보다 많다). 교주 체제의 공동체나 극단적인 정치적, 사회적 팬덤은 그렇게 생긴다. 그런 상황에서 인연이나 혈연으로 그와 연결

된 사람들에게 얼마간의 희생은 당연한 것이 된다.

사실, 인간의 '내적 성숙'은 '의미'에 대한 군더더기를 줄이는 것에서 비롯된다. '믿고 싶은 것'은 존재하는 수많은 '욕망의 방향성' 중 하나일 뿐이며, '신념'은 세상에 존재하는 수많은 '삶의 가치관' 중 하나이며, '믿음'은 사실이라고 생각하는 보이지 않는 것에 대한 '관점 다발'의 한 줄기라는 것을 '인정'하면, 바로 여기에서 인류적 미덕이 스며든다.

관용, 겸손, 공존, 사랑, 감정이입은 바로 그렇게 생긴다. '내적 성숙'이 없는 외적 현상은 가식일 수밖에 없다. 일상의 과정에서 의미부여를 줄이고, 무던해지도록 감정 근육을 단련한다면 우린 보다 행복해질 것이다. 수많은 고뇌로 인해 에너지를 낭비하고 시간을 펑펑 써대는 오류를 범하지 않게 해 줄 것이다.

나 역시 '왜 하필 내 임기 중에 이런 안전사고가 생긴걸까' 하고 하늘을 원망하고 운이 없다는 생각도 했다. 하지만 이런 생각들은 가치가 없다. 내가 아무리 여러 가지 일을 잘해도 사고가 벌어지는 것은 내 탓이 아니다. 하지만 이를 두고 사고의 연루자들을 탓해서도 안 된다. 이건 벌어진 사고이고, 묵묵히 책임을 지는 것이 바로 나, 리더라는 점만이 사실이다. 중요한 것은 내가 유능한 리더인지가 아니라, 내가 리더로서 책임졌는가 하는 점이다.

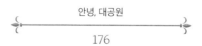

안녕, 대공원

자신의 단점을
무시하지 마라

우리에게는 자신의 장점과 단점을 함께 볼 용기가 필요하다. 종종 스스로에게 폭 빠져 사는 '나르시스트'들을 보곤 한다. 자신의 외적인 화려함에 도취해서 정신을 못 차리는 부류의 사람들이다. 그들에게는 자신의 단점과 맹점을 볼 시간이 없는 것일까? 나는 그렇게 생각지 않는다. 그들은 자신의 단점을 볼 용기가 없는 것이다.

리더라면 자신의 단점을 알기 위해, 기꺼이 들으려고 노력하는 자세를 취해야 한다. 그것이 바로 리더가 필수적으로 가야 할 길이다. 충분히 듣는 것, 그리고 질문하는 것. 이것은 리더가 가져야 할 유용한 자세다. 그다음은 발로 뛰는 것이다. 대공원 경영을 맡은 사람으로서 내가 선택한 방법은 바로 이것이었다.

직원들의 목소리를 충분히 듣고 전문가들을 자주 모서 조언과

의견을 충분히 들은 후에는 질문을 했다. 가끔 직원들 이야기에 귀를 기울이면 무릎을 칠 만한 수준 높은 아이디어들이 제안되기도 한다. 어린이동물원의 어린이활동가를 모집하는 것은 쉬운 일이 아니었는데, 그런 어려운 현실 속에서 어떻게 효과적으로 정해진 임무를 수행할 수 있었는지를 들어주었어야 했다. 그것에 더해, 축제를 맡은 직원은 좀더 정확히 주문해서 충분히 이야기했어야 한다.

사실 깊이 따져 생각하는 습관이나 어떤 경우 남들보다 통찰이 빠른 점 때문에 나도 모르게 자만하는 경우가 많다. 그러지 않으려 해도 직원들이 내 생각에 못 미친다는 마음을 갖기 일쑤다. 그래서 더욱더 직원들과 대화 시간을 늘리고, 직원들 보고 중에 토의시간도 많이 가졌다. 좋은 리더가 되려면 똑똑하면 안 된다고 했다. 잘난 사람처럼 굴수록, 동료의 이야기가 안 들릴 수밖에 없다.

자신의 단점을 알고 주변의 조언을 기꺼이 '담을 수 있는' 리더가 되는 것은 내가 바라온 올바른 리더 상이었다. 자신의 단점을 듣고 알기 위해 노력하는 리더야말로 나는 진정한 리더라고 생각한다. 듣지 않으면 어떠한 경우에도 올바른 길을 도모할 수가 없다.

환경만 바꾸어서는
행복할 수 없다

앞서 언급했던 대로 '동행숲 네트워크'는 환경, 서식지를 고민하는 퇴근 후 봉사 모임이다. 대공원장 임기를 마치고 나는 이 모임에 나의 이상향과 그동안 생각했던 이상적 소통의 모습을 담기 원했다.

'위대한 숲'이라는 비전을 찾았으니 이제 그 실현방법을 생각해야 할 때였다. 시민이 참여해서 함께 나무를 심고 가꾸는 것이야말로 저비용으로 다 함께 숲을 만드는 일이고, 수십 년 후 자녀와 손주 세대에게 유산으로 물려주는 가치도 높아지는 길이다. 혼자가 아니라 동반하여 이 길을 가야 한다. 그게 바로 '동행숲'인 것이다.

얼핏 보면, 우리가 추구하는 것은 '환경' 요소에 치중해 있는 것처럼 보인다. '숲'이라는 환경에 우리의 모토가 담겨 있으니 말이다. 실은 그렇지 않다. 우리는 이 모임을 통해서 삶을 살아가는 방식을 배운다. 각각의 간사들은 높고 낮음이 없으며 모두 평등한 원탁회의를 통해서 자신의 의견을 표출한다. 이 모임을 발의하긴 했지만, 이곳에는 사장이나 회장 같은 감투가 없다. 다만, '네트워크'라는 특징에 걸맞게 흩어져 있는 각 단체를 대표하는 간사들이 그들의 의견을 조율할 뿐이다.

이를테면 내가 처한 환경만 바꾸려고 해서는 행복해질 수 없다. 나를 바꾸어야 한다. 운명은 바꾸는 게 아니라 만들어가는 것이다. 마찬가지로 지구의 생태계 환경은 바꾸는 것이 아니라 우리가 만들어가는 것이다. 환경을 보전하려면 사람들이 모여 행동해야 한다. 동행숲 네트워크처럼 사람들이 실제로 자주 모여 소박하게 함께하는 반복된 작은 실천들이 중요한 이유다.

'동행숲'은 자발적 참여를 통한 활동을 전제한다. 학력, 종교, 나이 등에 있어 차별과 제한을 두지 않는다. 비정치적, 비종교적이며, 정치 구호의 장이나 포교 활동을 전혀 하지 않고 있다. 우리는 동·식물 생태계가 존재하는 곳과 도시숲/공원 및 공공장소에서의 서식지를 보전하는 데 관심이 있다. 그리고 이를 미래세대에 유산으로 물려주기 위해 노력하고 있다.

다양하고 서로 다른 관점을 가진 각 분야의 창조적 생각을 하

는 시민들이 '동행'하여 이 노력을 하고 있다. 서식지 보존을 해야 하는 동물과 사람이 '함께' 공존할 수 있는 숲을 만들고 이를 보전하려고 하는 것이다. '동행의 숲'을 만드는 철학을 특정한 공원, 숲, 공공장소에 한정하지 않는다. 전체 서식지 생태계를 보전하면서 서식지에 공존하는 시민들을 항상 생각하고 있다. 뿐만 아니라, 국제적인 서식지 보존에도 관심과 활동을 기울일 미래 비전을 가지고 있기도 하다.

이런 모든 활동에는 정신적인 유대와 가치 있는 생활의 발견, 그리고 상호 존중이 바탕이 되었다. 나는 그렇게 생각한다. 우리는 생태적 환경만 바꾸어서는 절대로 행복해질 수 없다고 말이다. 그 일을 벌이는 우리의 문화와 정신, 가치관 등이 모두 복합적으로 바뀌어 나가야 한다. 그렇게 되면 모두가 행복해질 수 있다.

WHALE

고민하는 고등 포유동물
- 고래

폐호흡을 하는 위대한 동물 고래의 삶은 흡사 인간의 삶을 보는 것 같다.

고래의 비극적인 슬픈 좌초의 이야기는 숨쉬기가 힘들면 편한 호흡을 위해 육지로 나오면서 시작이 된다.

포유동물로서의 물 밖 호흡은 고래에게 있어 '자유'이자 이상향이다.

진짜 '나'로 살고 싶은 마음이
희미해진다면

2013년 7월, 서울동물원에 있는 남방큰돌고래 제돌이, 춘삼이, 삼팔이 세 마리를 제주도 앞바다 고향으로 돌려보내는 사업이 추진되었다. 부임하고 2개월 지나 맞은 큰 사업이었다.

야생동물 방류사업은 한국사회에 거의 없었던 일이었다. 이동 중 다치거나 죽기라도 하면 취지를 살리지 못하기에 사회적으로 큰 문젯거리가 될 수도 있었다. 기술적으로 아주 힘든 일이었다.

살아있는 먹이를 잡아먹는 훈련을 하는 등 야생 적응훈련을 거치고, 건강 검진을 한 후 제주도로 이동했다. 이후에는 김녕 앞바다의 가두리에서 또다시 현지 적응훈련을 한 후 적절한 시점에 내보낼 계획을 했다. 그렇게 방류를 위한 시민위원회가 동물원장을 비롯해 직원들과 함께 꼼꼼하게 또 철저히 준비한 끝에 방류가 성공

했다!

고래를 떠올리면, 단순한 동물이 아니라는 생각이 든다. 다른 세계에 사는 인간과 흡사한 고등 동물이라는 생각을 하게 된다. 폐호흡을 하는 위대한 동물 고래의 삶은 흡사 인간의 삶을 보는 것 같다.

고래에게는 비극적인 슬픈 좌초의 이야기가 있다. 숨쉬기가 힘들면 편한 호흡을 위해 육지로 나오게 된다. 포유동물로서의 물 밖 호흡은 고래에게 있어 '자유'이자 이상향이다. 그러나 아이러니하게도 고래는 물을 떠나선 살 수 없다.

고래는 포유동물과 어류 사이에서 괴리감과 깊은 고뇌를 느낀다. 일부 고래는 결국 좌초를 통해 죽는다. 생물학적 아이러니다.

인간의 삶도 아이러니투성이이다. 고뇌와 괴리를 느끼는 우리는 때때로 좌초한다. 이상과 현실 사이에서 말이다. 이상을 따라가지 못하는 현실의 벽에 압도당할 때 우리는 삶의 한계를 느낀다.

공무원으로서 나는 자리를 지키고 시설을 현실에 맞게 유지해야 했지만, 민간인 출신 전문가로서 나는 무리를 해서라도 시민들이 더 참여하는 네트워크를 짜는 데 과한 시간을 써야 했다. 기관장으로서 나는 큰 행사와 동물사 개선 같은 눈에 띄는 실적에 집중해야 했지만, 경영인으로서 나는 판단에 따라 대공원을 사랑하는 사람들의 모임 같은 이상적인 커뮤니티를 만들어가려고 애써야 했다. 그때의 나는 현실의 벽 앞에서 압도당하느니, 이상향인 뭍에 뛰어올라 좌초하는 고래 같았다.

자기 자신과의
화해

  인간이 자신 '스스로'에 대해서 오해하는 일이 생기기도 할까? 당연히 오해하는 일이 생길 수 있다. 그러니 자신을 이해해주려 노력하고 스스로와 화해할 필요성도 있다.

  사실, 오해는 감정적이 되어 사실을 있는 그대로 보지 못할 때 생긴다. 당연히 이성적으로 상황을 판단하는 데 부정적인 영향을 줄 수밖에 없다. 주목할 만한 사실은 우리는 자신 스스로에 대해서도 쉽게 오해를 한다는 점이다.

  자신에 대해 과장된 부정적 이미지를 갖게 되는 경우, 인간은 열등감에 사로잡히기 쉬운 상태가 된다. 그런 경우 그는 가능성을 아예 펼칠 수 없게 된다. 그럴 기회도 오지 않을뿐더러 내면에서도 허락하질 않는다. 감정적 압도감은 아무런 시도도 하지 않게 한다.

문제는 이후에 더 크게 다가온다. 스스로 자신을 받아들이지 못하니 이제는 세상이 자신을 밀어낸다고 생각한다. 자신의 타고난 재능이나 능력은 그렇게 사장될 수 있다. 당연히 이런 경우 자신과의 오해를 풀 수 있어야 한다.

과거에 얽매여 현재를 살 수 없는 사람들에게 미래는 존재할 여지를 갖지 못한다. 이전에 있었던 작은 실패들로 인생 자체가 압도당한 듯 삶을 살아가는 사람들을 종종 본다. 바로 이런 경우 자신에 대한 '이해'를 비롯해 자기 자신과의 화해가 필요한 것이다.

오랫동안 누적된 감정의 찌꺼기를 걷어내는 것은 물론 쉬운 일이 아니다. 하지만 우린 성장하기 위해, 그리고 현재 진행되고 있는 우리의 현재를 위해 그 같은 노력을 계속해서 기울일 필요가 있다.

자신을 용서하기 힘들다는 사실이 느껴지더라도 우린 포기해서는 안 된다. 자신을 있는 그대로 받아들이고, 현재 자신이 느끼는 감정을 회피하지 않아야 한다. 회피하는 것은 문제를 해결하는 것이 아니라 묵히는 것이다. 놓쳐버린 행복이 아니라, '지금'의 행복에 주목할 때 우린 비로소 '윤기'있는 삶을 영위할 수 있게 될 것이다.

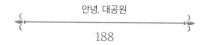

안녕, 대공원

나 역시 자신을 용서 못 하는 경우가 많다. 제대로 일을 못 해낸 나 자신에게 화가 나기도 한다. 대공원에서 호랑이 사고 이후 직원들의 사기를 높이지 못했다는 자책이 컸다. 많은 일을 벌였음에도 시민들에게 '동물이 행복한 숲을 함께 만들면서 서울대공원에 모두 나무를 심어 숲으로 되돌리고, 시민들이 직접 운영하는 공유의 땅으로 만들자'는 대중적인 캠페인으로 발전시키지 못한 점도 역시 아쉬웠다. 결국 임기가 끝나고도 꾸준히 동행숲 네트워크를 만들어가는 실천을 일 년 가까이 한 뒤에야 나 자신과의 화해가 이루어졌다.

결과만을 보고
스스로를 다그치지 마라

결과 위주의 사회에 살다 보니, 어느덧 우리 가까이 있는 삶도 결과가 아니면 보지 않으려는 태도에 찌들어 있다. 진정으로 중요한 것은 무엇인가를 열심히 만들어 가는 '과정'이라는 것을 나는 굳게 믿고 있다. 결론이 좋다면 당연히 훌륭하겠지만, 결과와 상관없이 과정이 좋다면 그것 역시 훌륭한 일이라고 생각한다.

결과가 제대로 나오지 않으면 속상한 것은 당연한 일이다. 그런 경우, 스스로를 다그치지 말아야 한다. 다그친다고 해서 안 될 일이 되진 않는다. 오히려 일들을 더 그르칠 수 있다. 거기에 더해 자신의 자존감이나 즐거움은 바닥이 될 것이다.

이것은 공적인 일들을 관리할 때도 똑같이 적용된다. 나는 대공원에 있는 동안 진심의 유대가 만들어질 때까지 천천히, 짧은 호

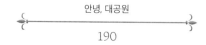

안녕, 대공원

190

흡의 사업성과보다는 길게 보고 자원과 기회를 찾곤 했다. 비현실적으로 보일지라도 바람직하고 교과서적인 사업을 벌이는 것을 목표로 하기도 했다. 비현실적이라기보다, 그 사업은 내 임기에 못 하더라도 옳은 사업이었다고 나는 생각했다.

서울대공원의 청사진에 맞는 바람직한 사업들을 말만 하는 게 아니라 점차적으로 벌어나갔다. 현실과 임기를 생각하면 결코 벌이지 않을 가능성이 농후한 일들을 말이다. 당시 나는 사업이 아니라 활동을 한다고 생각했다. 활동이야말로 결과를 보고하는 것이 아니라, 평상시에 해야 하는 일이기 때문에 하는 일들이다.

지난날의 현장 경험을 통해, 나는 다양한 개별적인 관계를 계속 맺는 데만도 몇 년 이상이 걸릴 수 있다는 것을 잘 알고 있었다. 추진위원회 같은 가시적 실적을 내는 것은 잠시 뒤로 미루기도 했다. 그렇게 한 몇 가지 계기가 있다. 추진위원회를 만들어 30주년을 맞이해도 자연스럽게 사람들이 참여할 수 없는 행사를 하면 의미가 없었다. 스마트폰과 인터넷에서 만나는 대공원에 참여의 바람도 불지 않고 활성화된 홍보도 되지 않는다면 내가 민간에서 늘 비판하던 전시행정과 다를 것이 없었기 때문이다.

내실이 없다면 그 정도 일은 하지 않을 당당함이 있었다. 끊임없이 민간 네트워크만 만들어갔다. 아마 내가 함께하자며 구체적인 사업들을 이야기하고 도와달라고 내민 손길의 수를 알면 모두가 깜짝 놀랄 것이다.

이렇게 나는 결과보다는 과정의 충실함을 중요시하는 가운데 일들을 진행해 나갔다. 이곳은 공원사업소다. 정책이 아니라 사업, 시민을 위한 서비스가 중심이 돼야 한다. 당연히 '과정'이 중요할 수밖에 없다.

그런 시도가 없다면 예전을 뛰어넘는 변화는 기대하기가 어렵다. 추진위원회보다는 내실 있는 자문모임을 먼저 다양하게 열기를 원했다. 철학을 세우지 않으면 장기적인 일을 할 수가 없다는 것이 나의 지론이다. 과정의 중요성을 깨닫는 철학이 없다면 임기가 정해진 기관장은 어영부영할 수밖에 없고 눈에 보이는 전시 행정을 할 수밖에 없을 것이다.

무엇보다도 나는 퇴직 이후의 '봉사활동'으로서 내가 참여할 수 있는 일들을 만들어내야 한다고 생각하고 있었다. 그렇게 해야만 뭔가를 충실하게 만들어내고 성실하게 사람들을 설득할 수 있었다. 가장 작고 가깝게, 내가 진심으로 할 만한 일이라고 생각하는 일들을 했다. 시민이 직접 운영하는 대공원을 꿈꾸도록 대화모임을 계속 열었고, 동행숲 네트워크가 민간에서 발전하도록 애썼다.

그리고 아주 멀리, 지금으로부터 30년 후 바람직하게 변모해 있을 대공원을 여러 사람들과 그리기 시작했다. 커다란 공원 대신 시민들이 직접 생태계 보호를 위한 노력과 진심 어린 마음을 가지도록 하는 무언가가 필요했다. 그렇게 되도록, 10만 그루 나무를 심어 위대한 숲을 만들어낸다면 동물원도 생태적인 곳이 될 것이라 생각했다. 사실, 이 계획은 내가 떠나고도 한참 뒤에야 이뤄질 일이었다. 임기 2년간 할 수 있는 일이라곤 이 뜻을 시민들과 함께 만들고 이 뜻을 '동행숲'의 이름으로 퍼뜨리는 과정을 성실하게 갖고 가는 것밖에는 없었다.

누구에게나
상처는 있다

인간은 누구나 외롭다. 그 외로움 가운데서 자신에게 내재한 장점들과 강점들을 발견해 나간다. 상처가 없는 사람이 있을까? 아마 없을 것이다. 누구에게나 어린 시절의 트라우마나 인생의 방향성에 영향을 준 크고 작은 일들이 존재한다.

물론, 정도의 차이는 있을 수 있다. 윤택한 환경 가운데서 책임감 있는 부모와 어른들에 의해 양육된 사람이라면 그런 상처의 기억들은 그다지 많지 않거나, 있더라도 빨리 회복할지도 모른다. 반면에, 상처로 인해 씻을 수 없는 삶의 뒤틀어짐을 경험하고 있는 사람도 있다.

상처가 누구에게나 있는 것이라는 사실에 더불어, 누구에게나 꺼뜨릴 수 없는 마음속 빛도 존재한다. 마음의 날씨가 궂은 날 구

름에 가려 그 빛이 잘 보이지 않을 수도 있지만, 비 온 뒤 하늘 사이로 잠시 후 빛이 빠끔히 보이기 시작한다. 자신을 지탱하게 하는 그 빛이 무엇이든 간에 우린 자신의 마음을 지키기 위해 노력할 필요가 있다.

인간에게는 보편적인 특징 한 가지가 더 있다. 사람에겐 누구나 특유의 '향기'가 있다는 사실이다. 흔하게 나는 '냄새'가 아니라, 사람을 매력적이게 하는 각자의 모습이다. 그런 향기들이 바로 우리들의 자존감을 지켜주는 것이라고 할 수 있다.

호랑이 사고 이후 부적격 기관장으로 방송에서 혹평을 당하기도 했고 온라인에서 이유를 알 수 없을 정도로 심한 악성 댓글의 공격에 시달렸다. 그것은 나를 위축시켰고, 부당하고 억울한 마음에 상처가 되기도 했다.

'이 또한 지나가리니' 하는 격려들을 받았을 때, 그리고 사고의 책임으로 기가 죽은 부하 간부들을 보면서 내 처지가 오히려 낫다는 생각을 했다. 이들을 내가 보호해줘야 한다고 느낄 때, 이 사건으로 갇혀있는 동물들이 얼마나 처절할까를 훨씬 더 절감하며 나는 용기를 냈다. 그 당시에는 망친 인생 같았지만 나는 이런 생각으로, 성깔에 붙어있는 미련 맞은 끈기로 다시 설 수 있었다.

삶은 누구에게나 가치 있는 것이다. 세상에 무가치한 삶이란 있을 수 없다. 자신이 원하는 성공은 할 수 없을지라도, 모두에게 성장 가능성이 존재한다. 그리고 누구나 성장의 기쁨을 경험한다.

상처가 자신을 압도하지 않도록 해야 한다. 우리의 삶은 중단 없이 계속되어야 하니까 말이다.

타인의 시선에서
벗어나라

철학자 사르트르는 '타인은 지옥'이라고 말했던 적이 있다. 왜 그가 타인에 대해 그렇게까지 통렬한 표현을 했을까? 우리가 모두 타인의 시선에 의해 '사물화'를 당하기 때문이다. 우리는 끊임없이 타인에 의해 규정되고 정형화된다.

사실, 그 어떤 나에 대한 정형화도 진짜라고 할 수 있는 게 없다. 나는 그냥 존재하는 인격체일 뿐이지 그들에게 평가받는 그 무엇이 아니기 때문이다. 인간은 누군가를 평가할 때 첫인상을 많이 고려한다. 모두가 타인의 평가에서 벗어날 수 없는 것은 당연한 이치다.

내가 지금 하려는 말은 다른 사람의 시선을 전혀 고려하지 않고 자유분방하게 살면 된다는 이야기가 아니다. 외적 시선 때문에 나의 삶의 방향성을 정하는 일에 주춤거리는 일이 있어서는 안 된다는 이야기이다. 우리가 누군가의 시선을 지나치게 의식하면 그것은 인간적 존재로 살아있는 것이 아니라 사물이 되어 버린다.

외적 시선은 우리를 행복하게 하지 못한다. 타인의 시선은 일종의 폭력이다. 그것은 나를 공격해 무장해제시킬 수 있다. 우리에게는 자신의 '내면에 있는 체면'을 버릴 각오가 필요하다. 그래야만 우린 자신의 본모양과 제 가치를 구축해 나갈 수 있다.

언론과 인터넷에서 비방하고 공격해도 나는 숨을 수 없었다. 오히려 대공원이 취한 조치를 알리고 여러 기관에 협조를 구하고 대공원 혁신위원회를 꾸리려면 더 많은 사람들을 만나야 했다. 더 많은 자문을 받고 더 자주 전문가의 도움을 받고 시민 자원봉사자들과도 더 많이 대화해야 함을 느꼈다.

그들이 미디어를 보고 나를 얼마나 왜곡되게 생각할지 걱정할 법한 데도 그것을 따질 겨를 없이 제자리에서 해야만 할 행동에 최선을 다하게 되었다. 임기를 연장하지 않고 나왔을 때 나를 믿던 사람들은 신문기사를 보고 무능함 때문에 내가 '잘렸다'고 생각했을 법도 하다. 하지만 난 그것을 따지기 전에 내가 가치 있다고 생각하는 것을 실천으로 옮길 자유를 이미 얻었다.

안녕, 대공원

수백 명의 사람들을 묶어 대공원을 사랑하는 사람들의 모임을 만들려던 사람이 임기 내에 그것을 만들지 못하는데도, 대공원을 위대한 숲으로 되돌린다는 16쪽짜리 비전이 담긴 얇은 책자 하나를 전문가들의 도움으로 만들었다. 그것은 타인의 시선이 아니라 그 비전이 중요했기 때문이다.

퇴임 하루 전까지 시민이 함께하는 비전에 대한 협조를 구하는 대화모임을 연 사람이, 대공원에서 만난 사람들과의 인연에 책임을 지면서 동행숲 네트워크를 만들게 된 것은, 실천해야 할 가치 있는 일이 뚜렷해졌기 때문이다. 내 상처는 이미 좋은 경험이 되었고 함께하는 이들과 더 가치 있는 경험을 만들어야 한다고 여겼다.

산다는 것은 '행동'하는 것이다. 행동하기 위해서는 자유로움이 있어야 한다. 그 자유를 위해 필요한 것이 바로 외적 시선으로부터의 해방되는 것이라고 할 수 있다. 상징적으로 말해 우리가 하는 모든 행동은 '나'를 찾기 위한 노력이다. 돈을 벌고 즐거움을 누리고 화장실에 가는 일조차 '나'를 발견하고 '나다움'을 느끼기 위해서이다.

삶의 기본적 목적이 그러하다면 타인의 시선 안에서는 행복할 수 없다는 것이 너무 뻔한 결론이 아닌가? 의미 있는 존재로서의 '나' 안에서 우린 비로소 행복하다고 느낄 수 있게 된다.

진지함이란
자신에게 온 힘을 다하는 것

　명랑한 것을 좋아하는 사람들에게 진지함은 익숙한 것이 아닐 수 있다. 어떤 사람들은 그 진지함이 삶을 늘어지게 하고 진행되지 못하게 한다고 생각하는 것 같기도 하다. 솔직히 말해, 나는 그들이 말하는 그 진지함이 많은 사람이다. 재미가 없다고 할 수 있지만, 나는 내가 가진 그 특유의 진지함이 맘에 든다. 왜냐하면 사람은 진지함 속에 스스로에게 최선을 다할 수 있기 때문이다.

　인생의 의미를 생각하거나 나 아닌 다른 사람을 배려할 때에도, 결혼이나 사랑하는 사람을 생각할 때도 모두 진지함 가운데 그 안에서 빛을 발한다. 사랑, 지혜, 통찰… 이 세상의 온갖 아름다운 것들은 모두 진지함 가운데 꽃을 피운다. 그러니 다소 유머 감각이 떨어진다 해서 그것에 실망할 필요는 없다고 생각한다. 나역시 '나다움'을 사랑하고 있다.

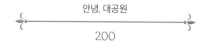

자신을 진지하게 바라보고 답을 찾은 기억이 있다. 이미 언급한 바 있는 호랑이 사고 때의 기억이다. 세상에 호랑이에게 아까운 직원을 빼앗긴 조직의 장이 몇이나 될까? 아마 한국 땅에서는 눈을 씻고 찾아봐도 없을 것이다. 당시로서는 어찌 책임을 져야 할지 답답했다.

직원을 하나 잃으면서 뼈저린 깨달음을 얻었다. 안전관리에 대한 교훈이 아니다. 책임을 갖고 산다는 것에 대한 부분이다. 그 일이 있고 나서 내 스스로 임기를 다한 후에 연임을 포기하고 단임하겠다고 마음을 먹었다. 더 연장해서 일한다고 의미가 사는 것이 아니었다. 남은 기간 진인사대천명. 마무리까지 최선을 다하는 것이 나의 나아갈 바였다. 나에게는 스스로 마지막 날 마지막 시까지 계속 일할 사람처럼 임무를 완수하는 자기최면을 거는 것이 필요했다. 그리고 그렇게 임기를 채웠다.

한번 겪은 위기는 힘을 합쳐 활로를 찾아야 한다. 동행밖에 답이 없는데 누가 진심이었고 최선을 다했는지는 나중에 밝혀지기 마련이라고 생각했다.

최선을 다하고, 기대한 대로 이루어지지 않으면 그 또한 인생의 한 장면으로서 받아들일 수 있는 아량이 필요하다. 삶을 있는 모습 그대로 내버려 둔다면 우리의 삶은 보다 활기차고 즐거운 것이 될 것이다.

　사람에게는 자신 본연의 삶을 살아가겠다는 '결심'과 진정으로 원하는 것이 무엇인지 '사고'하는 것이 먼저라고 생각한다. 진지함 속에 자신의 삶이 방향성을 정했다면 최선을 다해 노력하는 것이다. 그렇게 멋진 인생은 만들어질 수 있다. 원하는 결과가 나오든 그렇지 않든 간에, 우리의 삶은 충분히 위대한 것이 될 수 있다.

세련된
투박함

정교할 정도로 소박함을 일관성 있게 추구하면서 기관장 생활을 했다. 만들어 놓은 것이라곤, 300여 명을 만나 민과 관이 함께하는 협조를 구한 것과, 30년 후의 비전을 안내서 형태의 인쇄물 16쪽으로 만든 것이 전부였다.

큰 공원을 숲으로 바꾸어 멸종위기 동물 종보전과 숲보전을 함께하자고 전문가들과 함께 계획을 했다. 이 비전에 따르면, 장미원 옆에, 서울대공원을 지지하는 전국 지자체장이 준 사과나무를 천 그루 가까이 심어 사과원을 만드는 계획이 있었다. 그리고 그 사과를 고릴라와 코끼리 영양식으로 주면서 가족들이 이 동물의 멸종을 막는 수호자가 되게 만든다는 꿈이었다. 유능한 조경과 직원들의 도움으로 많은 사과나무를 심긴 했지만, 꿈은 거기 여전히 폐허처럼 남아있고 내 직원들은 여전히 그곳에서의 일상을 살아갈 뿐일지 모르겠다.

호랑이 사고가 났을 때 내 방에 오는 직원들에게 호환을 액땜
하는 곶감을 나눠주면서 제발 이 위기를 잘 넘기기를 절박하게 기
원했다. 호랑이에게 대드는 전래동화 속의 담비를 떠올리며 '노란
목도리 담비'를 돕는 모임인 '구하라 담비'를 만드는 분들에게 마음
을 의지하기도 했다. 호랑이로 아까운 직원을 잃었을 때 고작 내
가 해낸 것이라고는 곶감과 담비 이야기뿐이라니⋯. 돌아보면 대
공원에서 나는 바보짓만 멋들어지게 했다. 바보가 갈채받는 날이
있을지는 모르지만, 꽤 괜찮은 바보의 향기가 내 몸에서 났으면
좋겠다.

인생에서 가장 중요한 것이 무엇일까? 나는 진정성이라고 생각
한다. 마음으로부터 우러나온 겸손, 인정받지 못하고 뒤에서 일하
더라도 만족감을 느낄 수 있는 감성적 후덕함, 다양성에 대한 인
정⋯. 이 모든 것들이 진정성이 만들어내는 아름다운 결과들이
다. 내가 가진 부족함에도 나는 그런 삶을 살기 위해 무던히도 노
력해 왔다. 설령 그것이 성공적인 삶의 롤 모델로 인식되는 것은
아닐지라도 나는 그런 삶을 동경하고 꿈꿔왔다.

거기에 더해, 진실을 왜곡하는 전통이나 고정관념에 대항하는
삶을 살아왔다. 그러다 보니, 아방가르드적인 삶을 살았고, 결과

를 요구하는 사회 속에서 다소 애매해 보이는 과정 중심의 삶을 살았다. 무엇보다, 소속감 없이 외로움을 감내하는 것에 익숙한 삶을 살아야 했다. 다소 투박해 보이는 이런 유의 삶을 나는 그래도 세련된 삶이라고 말하고 싶다.

왜냐하면, 건전한 생각을 하는 건강한 정신의 소유자들이 나의 삶으로 쏟아져 들어왔기 때문이다. 조건 없이 희생할 수 있는 사람들, 겸손하고 정갈한 영을 소유한, 사랑하는 사람들이 나의 삶으로 돌아왔다. 나는 이 모든 일에 깊이 감사한다.

누군가는 내가 말하는 이런 것들이 과연 리더십이냐고 되물을지 모른다. 하지만, 이 글을 읽고 있는 당신도 동의하지 않는가? 당신은 단단하고 신뢰감 넘치는 조직이나 커뮤니티의 리더가 되고 싶지 않은가? 구성원들을 그런 사람들로 채우고 싶지 않은가 말이다. 다소 불편한 특성을 가진 사람도 변화시킬 수 있는 리더가 되어야 한다고 생각하진 않는가? 나의 부족한 지론들이 분명 그런 커뮤니티와 조직을 이루는 데 도움을 줄 수 있다고 확신한다.

더 나아가, 나는 굳게 믿는다. 당신이 투박하게 보이는 소소함 안에서 만족스럽고 부끄러움이 없는 당당한 자기 자신을 발견하게 되길 원할 거라고. 삶은 눈물겹다. 당신 역시 눈물겹다. 눈물겹도록 가치 있고 아름답다.

이 책이 나오기까지 참으로 오랜 시간이 걸렸다. 어느 순간 책의 원고 작성이 지연되면서 이 책을 내야 할 것인지가 불투명해진 적도 있었다. 여러 이유들이 있었지만, 내가 과연 책이란 걸 낼 정도로 대단한 사람인가에 대한 의문이 한순간 들었기 때문이다.

하지만, 뛰어난 사람이 누군가에게 하명하는 듯한 느낌이 아니라, 이 글을 보게 될 사람들의 반응을 통해 무언가를 배운다는 생각으로 이 책을 집필했다. 그러니, 글을 읽는 동안 다소 불편한 느낌이 들었다 하더라도 독자들이 넓은 아량으로 이해해주었으면 하고 바라본다.

문화기획자가 대공원에 가게 된 이유는 분명하다. 나를 뽑았을 때 외부로부터의 기대는 문화예술로 상상력 넘치는 동물원과 대공원을 만들어달라는 기대였을 것이다.

정작 가서 내가 한 일은 야생동물 보호나 숲과 무관한 문화예술 이벤트를 걷어내는 것이었다. 문화를 넣는 대신 시민들이 참여하고, 심지어 시민이 주도하는 작은 프로그램을 만들려고 애썼다. 문화를 넣는 대신 과한 문화를 빼는 것이 제대로 된 문화기획자가 할 일이라고 나는 생각했었다. 어쩌면 문화에 대한 관념이 달랐는지도 모른다.

다양한 영역에서 활동하는 사람들의 재능을 살리고 민간 네트워크에서 함께 서서히 문화를 만들어가게 되기를 나는 바랐다. 이를 위해 예산도 없이 내가 할 수 있는 일은 전문가와 시민들이 커뮤니티를 만들어가며 대공원에서 할 수 있는 일을 찾아나가는 반복적인 대화의 장밖에 없었다.

지금도 나는 대공원은 공무원이 아니라 이런 자리에 앉을 열의가 있는 시민들이 직접 만들어 가는 생태적 휴양지가 되어야 한다고 생각한다. 내게 기대한 것은 마케팅이었고, 나는 동물보호의 스토리를 여기저기 시민들이 참여하여 집어넣는 네트워킹의 길을 택했다. 오래 걸리는 길, 알아주지 않는 일이라고 생각했다. 용기가 필요했다.

대공원장 임기를 마치고 동행숲 네트워크를 만들고 여러 사람과 함께 봉사활동을 하게 된 이유도 같다. 대공원에 필요한 것은 멀리 보는 비전임을 깨달았다. 나오기 전에 30주년을 맞았으나 앞으로 30년 후를 계획한 후에야, 내가 몇 년을 하든 중요하지 않고 내가 나온 후에도 사람들과 이 계획을 위해 움직일 수 있는지가 중요함을 깨달았다. 그래서 동행숲을 나온 후에도 이를 실천했다.

두 번째 이유는 책임지는 기관장이 되는 모습을 증명하고 싶었다. 가치있는 일, 필요한 일이기에 나온 후에도 지속했다. 정말 옳다고 생각하고 정말 내가 나중에 꼭 해야 할 봉사활동이라고 생각하면, 동행숲을 만들어내야 한다. 더구나 대공원을 도와주며 민관협력에 참여한 좋은 분들에게 약속을 지키며, 책임지고 싶었다. 그분들은 나를 믿고 대공원을 도우며 헌신한 분들이었다. 나에게 동행숲은 도시공원과 대공원의 대책이 무엇인지를 생각하게 한다는 점에서, 끝까지 책임지는 기관장의 모습을 외부에 드러내는 가치 있는 해답이었다.

내가 대공원을 나온 후 동행숲 네트워크를 한 세 번째 이유가 있다. 그건… 미련과 오기가 남아서다. 필요한 것을 해내고, 그게 옳다는 것을 어떤 식으로든 증명하고픈 집착 때문이다. 내가 해내지 못한 일에 대해 상처가 남고 내 흉터를 어루만지기 위해서다. 난 흔한 무기력감이 싫었다. 계속 도전하고 다른 기관장과 다른 점을 보여주고 싶었고 계속 도전해야 마음의 결핍이 충족될 것 같았다.

나올 때 마음을 먹고 나왔지만 나온 후에도 빠른 시간 안에 중요한 것이 무엇인지 확인했다. 내가 매듭짓지 못한 일은 동행숲 네트워크를 꾸준히 진심으로 펼쳐나갈 때 해소되었다. 또 용기를 잃지 않으려고 스스로와 약속을 지킬 때 내 행동이 승화되는 느낌이었다.

이 책을 통해 내가 말하고 싶었던 것은, 우리가 리더이든, 조직의 구성원이든, 관망하는 시간 여행자이든 모두에게 용기가 필요하다는 사실이었다. 우리 안에 진정성과 용기가 있을 때 우리는 그 어떤 어려움도 모두 헤쳐 갈 힘을 얻게 된다고 나는 믿고 있다.

이 책을 집필하는 동안 가족은 나를 지원해 주는 위로자였고 힘의 근원이었다. 기대감 어린 눈으로 나를 기다려 주고 바라봐 준 주변의 사랑하는 동료들에게도 나의 사랑과 안부를 전하고 싶다. 그리고 부족한 나와 함께 뜻을 같이하면서 든든한 지원군이 되어 주고 있는 '동행숲 네트워크'의 모든 분들께도 감사드리고 싶다.

모든 상황들을 종합해 보면 나는 한없이 기쁘고 행복한 사람이라는 것을 느낀다. 모두의 행복을 바란다. 진심으로…

2017년 쌀쌀한 가을

안영노